WEEE
逆向供应链运营决策及政府规制研究

WEEE
NIXIANG GONGYINGLIAN
YUNYING JUECE
JI ZHENGFU GUIZHI YANJIU

曹柬 张雪梅 吴思思 著

中国财经出版传媒集团
中国财政经济出版社

图书在版编目（CIP）数据

WEEE 逆向供应链运营决策及政府规制研究／曹柬，张雪梅，吴思思著．—北京：中国财政经济出版社，2019.7

ISBN 978 – 7 – 5095 – 9082 – 9

Ⅰ.①W… Ⅱ.①曹… ②张… ③吴… Ⅲ.①日用电气器具 – 废弃物 – 供应链管理 – 研究 – 中国 ②电子产品 – 废弃物 – 供应链管理 – 研究 – 中国 Ⅳ.①F426.6 ②X76

中国版本图书馆 CIP 数据核字（2019）第 131322 号

责任编辑：彭　波　　　　　　　　责任印制：党　辉
封面设计：卜建辰　　　　　　　　责任校对：李　丽

中国财政经济出版社 出版

URL：http://www.cfeph.cn
E – mail：cfeph @ cfemg.cn

（版权所有　翻印必究）

社址：北京市海淀区阜成路甲 28 号　邮政编码：100142
营销中心电话：010 – 88191537
北京财经印刷厂印装　各地新华书店经销
710×1000 毫米　16 开　12 印张　200 000 字
2019 年 7 月第 1 版　　2019 年 7 月北京第 1 次印刷
定价：58.00 元
ISBN 978 – 7 – 5095 – 9082 – 9
（图书出现印装问题，本社负责调换）
本社质量投诉电话：010 – 88190744
打击盗版举报热线：010 – 88191661　　QQ：2242791300

前　言

目前，我国电器电子产品（electrical and electronic equipment，EEE）的更新换代速度日益加快，导致废弃电器电子产品（waste electrical and electronic equipment，WEEE）的数量急剧增加。鉴于当前我国学术界及企业界对 WEEE 回收再利用的研究和实践尚处于起步阶段，缺乏对于 WEEE 逆向供应链运营相关条件及推进策略问题的全面思考，本书从现实国情出发，采用博弈论、激励理论、最优控制理论以及实地调研和数值分析方法，分别基于供应链成员企业协调和政府规制视角，讨论推进 WEEE 逆向供应链运营的策略和机制，以期得到有益的结论，为我国 WEEE 逆向供应链的实施以及政府部门相关环境规制措施的制定提供建议，并为现有的 WEEE 逆向供应链管理理论提供有益补充。本书主要研究内容如下：

（1）WEEE 逆向供应链回收定价与协调研究：基于我国 WEEE 回收处理产业初步发展的现实国情，分别探讨制造商处理和拆解商处理模式下的 WEEE 回收决策；设计 WEEE 逆向供应链成员的内部协调契约，提出定价协调策略以提高 WEEE 回收处理运作效益。

（2）不同信息状态下逆向供应链回收协调定价研究：针对完全信息下的 WEEE 逆向供应链管理，探讨不同 WEEE 回收处理模式下的逆向供应链定价策略，分析各模式下分别考虑合作及非合作状态的博弈模型；针对 WEEE 逆向供应链运营决策中 WEEE 回收处理成本和 WEEE 回收物料质量等信息隐匿的逆向选择问题，基于供应链成员在信息不确定条件下的静态博弈和信号博弈，提出完善 WEEE 逆向供应链运营的实践措施。

（3）考虑制造商差异的 WEEE 回收处理模式研究：针对不同水平制造商对其产品回收渠道和模式的选择，结合制造商水平差异和消费者偏好对制造商决策的影响，分析逆向供应链成员对于 WEEE 委托回收处理和制造商自行回收处理两种情形下的决策行为；进一步分析不同回收模式情况下的 WEEE 逆向供应链决策问题，探讨回收模式差异对不同水平制造商环保设计（design for environment，DfE）水平的影响，提出有利于推进制造商加大 DfE 投入的激励机制。

（4）政府规制对 WEEE 逆向供应链的影响研究——以浙江为例：基于浙江省 WEEE 逆向供应链运作的实地调研，归纳并分析目前浙江省 WEEE 回收处理流程及实施主体；基于博弈视角研究政府与逆向供应链成员之间的关系，探讨政府规制对逆向供应链决策的影响；分析政府如何制定 WEEE 处理基金征收及补贴标准使得社会总福利达到最优。

（5）WEEE 回收模式创新及政府激励机制研究：结合互联网技术，研究 WEEE 回收模式创新以及在第三方集成网络平台模式下政府与网络平台的激励机制设计，探讨政府有无补贴情形下最佳 WEEE 回收处理模式；针对 WEEE 回收处理中的逆向选择和道德风险问题，研究政府对于第三方集成网络平台的激励模型，为政府有效甄别不同回收能力的网络平台并提供有效的激励提供决策参考。

本书结合理论推导、数值仿真和实地调研等研究手段，重点讨论 WEEE 逆向供应链决策的协调策略与激励机制。研究结论对我国 WEEE 回收处理行业及逆向供应链的发展、对政府环境规制的制定与实施，均有一定的借鉴作用和指导意义。

2019 年 1 月

目 录

第1章 绪论 ……………………………………………………………… 1
 1.1 研究背景和意义 ……………………………………………… 1
 1.2 相关研究述评及问题的提出 ………………………………… 2
 1.3 主要研究内容 ………………………………………………… 11

第2章 WEEE逆向供应链回收定价与协调研究 …………………… 14
 2.1 制造商处理废旧电器电子产品的回收定价决策 …………… 14
 2.2 拆解商处理废旧电器电子产品的回收定价决策 …………… 26
 2.3 废旧电器电子产品回收的逆向供应链协调机制 …………… 39

第3章 不同信息状态下WEEE逆向供应链决策研究 ……………… 47
 3.1 完全信息下的WEEE逆向供应链定价决策 ………………… 47
 3.2 不完全信息下的WEEE逆向供应链定价决策 ……………… 70

第4章 考虑制造商差异的WEEE回收处理模式研究 ……………… 82
 4.1 考虑制造商差异与消费者偏好的逆向供应链回收模式研究 … 82
 4.2 考虑环保设计的制造商自主回收模式研究 ………………… 94

第5章 政府规制对WEEE逆向供应链的影响研究
   ——以浙江省为例 ……………………………………… 104
 5.1 浙江省WEEE逆向供应链发展现状分析 …………………… 105
 5.2 政府规制对制造商自主回收处理模式的影响研究 ………… 114

  5.3 政府规制对第三方回收处理模式的影响研究……………… 124

第6章 WEEE回收模式创新及政府激励机制研究 ………… 135
  6.1 WEEE回收模式创新研究………………………………… 135
  6.2 第三方集成网络平台模式下政府补贴对回收决策模型分析 … 154
  6.3 第三方集成网络平台模式下基于政府约束的激励机制研究 …… 160

第7章 结论与展望 ……………………………………………… 173
  7.1 研究结论…………………………………………………… 173
  7.2 研究展望…………………………………………………… 175

参考文献 ………………………………………………………………… 177

后记 …………………………………………………………………… 186

第1章

绪　　论

1.1 研究背景和意义

目前，随着电器电子产品（electrical and electronic equipment，EEE）更新换代速度加快，废旧电器电子产品（waste electrical and electronic equipment，WEEE）数量急剧增加。在不断增加的废弃物数量以及日益恶化的生态环境的双重压力下，我国政府从战略高度提出大力发展循环经济，从法律层面要求企业不断强化环境管理制度。面对日益凸显的环境问题和日趋严厉的环境规制，研究 WEEE 逆向供应链运营决策问题对减少环境负面影响，提高资源利用效率，发展循环经济，实现社会的可持续发展，具有一定的推动作用。

逆向供应链（reverse supply chain，RSC）是一种与传统正向供应链相反的活动模式，根据逆向物流和传统正向供应链的定义，逆向供应链可以简单地理解为：废旧产品从消费者流向特定企业或组织的过程中，对其进行分类、检测、回收再利用或处置等活动的物流、信息流、资金流等形态构成。逆向供应链管理与运营是企业在生产中节能降耗，以及对资源的循环（recycling）和再利用（reusing），从而达到环境保护目的的活动和过程（舒亚东等，2018）。

近年来，由于过分追求经济利益，对 WEEE 的不当处理已经让人类付出了沉痛代价。另外，工业的快速发展面临着部分资源匮乏的尴尬局面，从生产所需的资源和能源来说，回收再利用过程远远小于新产品生产过程所需的数量（Fleischmann et al.，1997；Guarnieri et al.，2015；Islam et al.，2016）。因此，WEEE 的回收再利用成为缓解环境和资源问题的重要途径之一。此外，发展 WEEE 回收再利用产业使制造企业从产品设计初期将环保和再制造纳入考量因素，促进其投入更多精力进行环保型和循环型的产品研发和设计，形成整个产品生命周期的良性循环，对推动我国制造产业的结构调整、技术进步、产品更新换代和民众素质提高都十分有利。对 WEEE 的回收再利用顺应循环经济这一重大战略，可以丰富循环经济的内涵，推进我国建设资源节约型、环境友好型社会的进程（Tang，2010；Parajuly et al.，2016）。

在实践中，企业进行 WEEE 回收再利用不仅是政策的要求，也是企业可持续发展的要求，可以为企业节省成本。相比于直接从原材料加工制造成新产品的方法，对废旧产品进行回收再利用具有资源成本低，能源消耗少的优点。回收再利用的生产过程一般比新产品的制造过程约节约 40%～65% 的成本（Ferrer et al.，2006；Cao et al.，2018）。

鉴于此，本书从现实国情出发，分别基于逆向供应链系统成员协调与政府规制视角，讨论推进 WEEE 逆向供应链运营的策略和机制，以期得到有益结论，为我国 WEEE 回收再利用的实施以及政府部门相关环境规制措施的制定提供参考和建议，并为现有的 WEEE 逆向供应链决策理论提供有益补充。

1.2 相关研究述评及问题的提出

1.2.1 WEEE 回收处理模式研究

在逆向供应链中，实施参与废旧产品回收行为的主体主要包括制造商、销售商、回收商以及消费者。根据生产者责任延伸制度（extended producer responsibility，EPR），制造商必须承担产品废弃后的回收处理责任，然而并非要求制造商本身直接参与具体回收行为的实施（普智晓和李霞，2004；Ogushi and Kandlikar，2007；Parajuly and Wenzel，2017）。Spicer等（2004）从多方面详细介绍了针对 WEEE 处理的实施 EPR 制度的三种回收模式，即原始设备生产商（original equipment manufacturer，OEM）回收、联营回收及第三方回收。一般来说，在实践中根据逆向供应链中执行回收行为的主体类别，废旧电器电子产品回收模式可分为以下三种模式（储洪胜等，2004；达庆利等，2004；Cui and Forssberg，2005；韩小花和薛声强，2009；胡强，2012）。

（1）制造商自主回收模式。

如图 1.1 所示，在正向供应链中，制造商生产制造的新产品通过零售商渠道交付到消费者手中；而在逆向供应链中，废旧产品则由消费者流向制造商，完成回收过程。简言之，在制造商自主回收模式下，由制造企业自主建立独立的逆向供应链，自主管理与运营废旧产品的回收处理业务（郝应征等，2006）。此时，有利于制造商根据市场销售渠道洞悉产品的流向，从而快速反馈信息，而且由于自主回收处理自身生产的产品便于对废旧产品进行准确高效的拆卸和再制造，节省时间，提高经济效益。

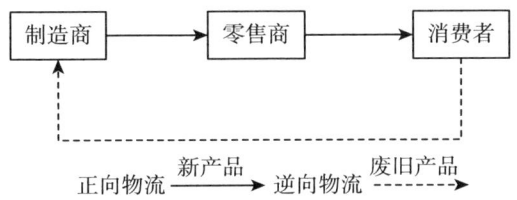

图 1.1　制造商负责废旧产品回收模式框架

（2）委托零售商负责回收模式。

图 1.2 为零售商负责回收废旧产品模式，在传统正向物流中，制造商生产的新产品经由零售商销售给消费者，完成消费过程，而在逆向供应链中，零售商承担回收废旧产品的责任，并将之交付给制造商。在该模式下，制造商与零售商通过订立合同等形式将废旧产品的回收操作交由零售商执行，制造商在此过程中给予回收商一定的经济补偿。在这一过程中，合理有效的激励机制有利于促进制造商与零售商之间的合作关系（Dennis，2002；Govindan，2015）。这种回收模式旨在利用零售商的渠道资源提高回

收效率，同时消除了制造商对废旧产品的管理和回收过程，有利于集中资源专注于生产与再制造活动。

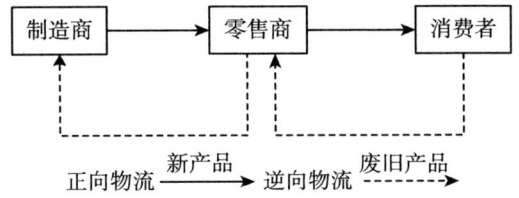

图1.2　零售商负责废旧产品回收模式框架

（3）委托第三方回收企业回收模式。

图1.3表示由专门从事废旧产品回收的第三方企业负责废旧产品回收的模式。在正向供应链中，新产品由制造商手中经由零售商渠道交付到消费者手中消费，而在逆向供应链中，则是由专业回收企业从消费者手中回收废弃产品，并交由制造商处理再制造。在这种模式下，回收废旧产品活动由专门的回收企业执行，不但避免了制造商建立回收系统的麻烦，而且降低了逆向物流的管理成本，同时有利于第三方回收企业和逆向物流公司的发展，实现多方共赢，推进整个物流产业的长远发展（秦小辉，2008；Iakovou et al.，2009；魏洁和魏航，2011）。

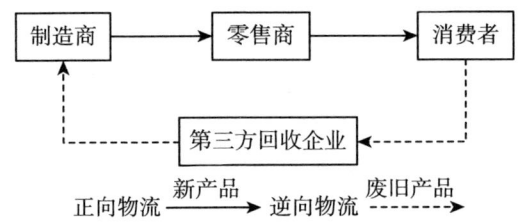

图1.3　第三方回收企业负责废旧产品回收模式框架

根据以上三种基本回收模式，国内外学者在其基础上深入探讨并拓展了相关理论与实践的研究。Savaskan（2004）研究了制造商自主回收、委托零售商回收以及外包第三方企业回收三种回收模式，认为委托零售商回收时效益最佳。在此基础上，进一步考虑制造商与零售商之间存在的回收竞争，通过加入渠道竞争因素又分析了不同情况下的供应链利润，分析了竞争承兑对回收模式选择的影响（Savaskan et al.，2006）。达庆利等

(2004)分别探究了零售商负责回收和第三方回收企业负责回收时的再制造供应链收益,考虑回收商努力程度对制造商批发价格、回收结构和供应链利润变化的影响(黄祖庆和达庆利,2006)。叶佑林等(2010)分别讨论了零售商负责回收模式和回收商负责回收模式,分析了集中型决策和分散型决策下闭环供应链的产量和定价决策,在此基础上提出收入—成本共享协调机制。易余胤等(2011)针对供应链中的双重边际加价问题,通过对混合渠道回收下的集中决策和分散决策的对比分析,提出两部定价契约有利于缓解供应链的不协调。Shi等(2013)分析并得到了再制造供应链三个成员担任回收主体时的收益均衡结果,指出回收成本对回收模式与渠道选择的影响,其中制造商自主回收时成本较低,属于最优决策方案。卢荣花等(2016)分别构建了制造商回收和零售商回收模式下的闭环供应链模型,通过对比不同回收模式下的均衡零售价和制造商利润,得到制造商最优回收渠道选择策略。

此外,在外部竞争环境以及供应链各成员的决策博弈变化下,回收模式的选择也会受到相应影响。胡燕娟等(2009)探讨了零售商负责回收处理和制造商自行处理两种回收处理渠道,分析了制造商内部自行处理作为新增渠道参与到废旧产品回收活动中时供应链成员合作回收价格决策和非合作博弈下的最优定价策略。Toyasaki等(2011)运用两阶段序贯模型探讨了WEEE垄断型回收模式和竞争型回收模式,分析了两种模式下制造商和回收商的决策博弈,认为竞争型回收模式相较于垄断型回收方案较优。程晋石等(2013)采用了重复博弈方法,比较分析了制造商作为闭环供应链决策领导者时的价格制定以及供应链成员收益和渠道总利润,结果表明,在不同市场结构下,零售商与第三方回收企业同时作为博弈跟随者时的回收策略是效益最优的市场结构。Feng等(2017)分别研究了单一传统回收渠道、单一在线回收渠道和混合双回收渠道下回收商和制造商的收益分成并探讨了消费者意愿对回收渠道选择的影响。

综合来看,国外关于WEEE回收处理模式的研究成果已相对充实,而国内学者的研究更能结合我国经济社会发展现状。本书将借鉴国内外学者相关研究成果,将WEEE逆向供应链管理与运营反映在模型背景分析过程中,以期得到针对性策略指导现实运作。

1.2.2 WEEE逆向供应链运营决策中的成员协调与激励机制设计

为推进WEEE逆向供应链运营,供应链系统成员间的协调与激励机制的设计至关重要。这一领域的研究工作主要围绕成员企业如何根据消费市场并结合供应链各节点企业合作与竞争关系设计合理的协调与激励机制,以推动WEEE逆向供应链的有效运营。结合本书研究,探讨WEEE逆向供应链成员协调与激励机制设计的研究文献大致可以分为以下两类。

(1) 逆向供应链协调定价研究。

在资源危机及环境污染的双重压力下,再生资源及稀缺资源步入"黄金时代",全社会聚焦于循环经济的发展,公众对WEEE逆向物流及闭环供应链管理的关注度日渐上升。而在针对逆向供应链的研究中,定价策略制定是其中的一个重要研究方向(Charles et al., 2005;孙浩和达庆利,2008;Liang et al., 2009;林欣怡等,2012;张曙红和初叶萍,2014)。

目前,针对供应链协调定价的研究大致可以分为四类:一是仅关注供应链某个节点上参与方(如产品制造商、回收商)的定价策略,而不考虑供应链其他参与方对其定价策略的影响。二是仅针对逆向物流体系的回收定价策略进行探讨,而不考虑正向供应链对其定价策略的影响。如顾巧论等(2005)的研究,通过对由制造商与零售商参与的逆向供应链系统的非合作博弈与合作博弈模型的求解及分析,为逆向供应链体系的定价提出了建议。三是基于分散决策视角,综合分析、讨论正向及逆向供应链的相互影响,从而为供应链节点上各参与方的定价策略提供参考。例如,葛静燕等(2007)的研究,运用纵向差异及博弈论等相关理论,基于分散决策视角,对不同零售商回收模式下的闭环供应链进行了分析,探索了社会环保意识及闭环供应链的定价策略。又如张克勇等(2009)的研究,运用博弈理论,对不确定需求下制造商与销售商组成的闭环供应链定价模型进行分析,并讨论了再制造成本对产品回收价格、销售价格及各参与方收益间的影响。四是基于集中化定价决策视角,综合分析闭环供应链上各参与者的利益及相互之间的影响,协调各方的定价策略,以弥补分散决策视角下所做决策带来的效率损失。例如，易余胤等（2012）的研究，在销售渠道和回收渠道冲突的环境下，以集中化定价决策下的均衡结果作为基准，提出了闭环供应链协调定价的改进方法。又如高文（2014）的研究，探讨了在产品回收价格与产品销售量双因素的共同影响下，闭环供应链在非合作博弈与合作博弈模式下的定价策略，并设计了能够实现物流体系总收益最大化的收益共享——费用共担契约，从而为参与逆向物流体系的各成员企业提供决策参考。

（2）逆向供应链成员企业激励机制研究。

逆向供应链的激励机制设计主要考虑各成员企业间的物流、资金流和信息流的激励问题，近几年来已有不少学者对这个问题进行了深入研究（李响等，2008；曹东等，2012；Li et al.，2013；胡强等，2014；Kilic et al.，2015）。申亮等（2009）考虑了闭环供应链中基于一个制造商委托多个零售商对废弃电器电子产品的回收工作，运用委托代理模型，设计了道德风险情况下针对零售商的激励契约以实现双方的共赢。胡新平等（2011）研究了考虑第三方回收商名誉和显性机制的激励机制模型，得到回收商的回收努力水平与品牌效益、议价能力以及转移系数的关系。时利英（2013）研究了制造商对回收中心的废旧产品回收活动进行激励情况下的再制造闭环供应链网络均衡模型。Xing 等（2016）构建了由第三方回收商参与的闭环供应链激励模型，考虑消费者剩余并引入激励机制分析了闭环供应链对环境和经济的影响，运用委托—代理理论，研究了各因素对于可变成本和固定成本的影响。Liu 等（2016）研究了两种不同收入模型（一种基于销售和回收总收入，另一种基于总收入），讨论了具有信息对称性和信息不对称性的两种激励机制之间的差异，发现两种合同类型的均衡结果在信息对称的条件下是完全一致的；在信息不对称的情况下，对于零售商来说，无论接受哪种合同类型，它的收益占比都是更高的，同时它的风险也会更大。

综合来看，虽然国内外学者对 WEEE 逆向供应链成员协调与激励问题进行了广泛分析，但缺乏综合考虑 WEEE 回收处理主体差异、制造商差异、消费者偏好、产品环保设计等因素，本书将这些因素反映在 WEEE 逆向供应链模型中，探讨其对 WEEE 回收处理实际运作的影响，并据此提出针对性策略,这便是本书第 2 章~第 4 章的内容。

1.2.3 WEEE 逆向供应链运作中的政府规制研究

鉴于现实国情,逆向供应链成员企业尚无法通过自主行为使其定价策略有益于供应链经济、环境及社会的总效益最大化,因此需要充分发挥政府的引导作用。早在 1995 年,Thierry 等学者就已提出建议政府从国家战略高度制定与逆向物流相关的法律法规,从而规范逆向供应链发展,促进社会的可持续发展。

(1) 政府规制对 WEEE 逆向供应链决策影响研究。

政府规制对 WEEE 逆向供应链决策的影响研究可分为两类:一是针对逆向供应链实际运营的政府政策研究(Hammond,2007;Ni and Zeng,2009;Walther et al.,2010;Kiddee et al.,2013)。Hicks 等(2005)指出新法规的陆续出台给中国 WEEE 管理带来了巨大变化,但回收处理商和消费者环保意识的薄弱使中国想要建立规范、良性、安全的 WEEE 回收处理体系仍面临巨大挑战。Chen 和 Sheu(2009)提出适当的环境规制定价策略有利于促进绿色供应链企业实施 EPR 制度。孔庆娜(2010)对国内 WEEE 管理的政策法规进行了分类整理,结合国内 WEEE 回收现状为相关部门制定法规政策提供决策参考。冷罗生(2011)回顾梳理了国外 WEEE 管理的相关法规,归纳概括其特点,并分析了我国现行立法的不足,结合国外经验提出了完善建议。Ma 等(2016)构建了考虑政府规制的闭环供应链三种不同的博弈模型,求解分析各模型下的均衡解得到供应链成员企业的最优策略。

二是基于政府规制的逆向供应链激励机制设计。Aksen 等(2009)在相同回收率和收益率条件下,分别构建了政府支持性补贴双层规划模型和立法性补贴双层规划模型,得到支持性政策需要政府提供更多补贴的结果。朱庆华和窦一杰(2011)基于产品绿色度,建立了政府与制造商之间的三阶段博弈模型,研究了不同绿色供应链管理战略的制造商定价策略。Zhang 等(2013)研究了在政府奖励制度下由一个制造商和一个零售商构成回收体系的激励机制。Zeng 等(2014)研究了基于政府补贴的 Stackelberg 博弈模型，设计了产量不确定情况下的绿色供应链激励机制，研究结果表明，政府对于闭环供应链的补贴虽然可以降低供应链运作风险，但是同样也使供应链成员的利润有所下降，而且产品的销售价格也会由于随机收益率的波动而上升。刘晓敬等（2016）构建了考虑政府干预的闭环供应链激励模型，研究结果表明，由于供应链的内部调节作用，政府财政干预并不能起到激励效果；如果政府提高基本回收率，在一定程度上就会减少废旧产品回收量，但同样也降低了环境污染。

（2）政府补贴对回收处理决策影响分析。

政府主要通过环境规制（如规定最低回收率）和财政手段（如税收和补贴措施）干预逆向供应链的运作，其中提供废旧产品回收处理/再制造补贴被认为是最主要也是最有效的手段（Webster and Mitra, 2007; Yu et al., 2014; Zhou and Ye, 2018）。基于政府补贴的 WEEE 回收处理研究，相关研究文献可以分为两类。

一是基于政府补贴推动的逆向供应链成员回收处理活动实施。Lee 等（2008）研究得出，在缺少政府的奖惩机制激励情况下，制造商实际利润会有一定的下降；而政府通过确定单位再制造补贴费用可以增加供应链所有成员的利润总和。Mitra 和 Webster（2008）考虑了制造商和再制造商之间的竞争，分析了政府的再制造补贴对两者利润的影响，认为制造商和再制造商共享补贴是最优决策。王文宾等（2010）在构建 WEEE 逆向物流网络体系模型中，考虑了政府对相关产品制造商的奖惩措施及基金补贴政策对逆向物流网络体系均衡结果的影响，研究结果表明，政府奖惩对 WEEE 逆向物流的总效益有正向促进作用。辛广茜等（2012）构建了在考虑政府补贴的情形下第三方企业参与回收再制造的闭环供应链模型。申成然等（2013）建立并分析了考虑专利保护及政府补贴影响下的第三方回收再制造闭环供应链分散决策模型，并探讨了不同补贴机制对产品售价、回收价及回收量的影响。徐兵等（2013）讨论了在产品销售与回收均存在竞争的情况下三种不同政府补贴模式对闭环供应链效益的影响，得出了政府基于经济—环境效益最大化对再制造产业进行补贴是最佳选择的结论。林杰等（2014）运用博弈理论，分别建立并求解了有无政府补贴条件下闭环供应链成员的利润分配情况，结果表明，政府补贴可促进供应链成员的利润分配格局的转变,并促进供应链规模的扩大,从而使之更有效率且更具竞争力。杜婧(2014)考虑回收市场渠道竞争,对供应链定价策略进行分析,探讨政府补贴对不同混合渠道的决策影响。Li 等(2015)研究了基于政府补贴情况下的闭环供应链集中决策和分散决策模型,研究表明,供应链系统和社会环境效益都会随着政府给予的补贴而受益,同时极大地提高了废旧产品的回收再利用率,提升了再制造品的认可度和再制造产品的市场占有率。Chen 和 Tian(2016)讨论了由一个制造商,一个分销商、两个零售商和一个第三方回收商组成的闭环供应链,构建了具有组合契约的协调模型,得到考虑政府补贴的供应链成员最佳供应合同。Hui 等(2016)通过建立有无政府补贴两种情况下的供应链决策模型,对比分析政府补贴对于闭环供应链的影响,研究得出,政府补贴会直接导致回收价格的增加,回收利用量和供应链成员利润也会有一定的增加,从而进一步得出政府补贴对于闭环供应链成员的回收价格、回收量和实际利润都高于没有政府补贴的回收价格、回收量和实际利润。

二是基于补贴制度的政府与企业间的激励机制设计(Du et al., 2014; Yang and Xiao, 2017)。张保银等(2006)建立了信息不对称情况下的政府和企业激励契约,指出政府监督应考虑环境补贴和奖惩因子。庞丹丹(2013)考虑了消费者环境偏好和产品绿色度,建立了基于政府补贴的三级绿色供应链博弈模型,分别得出了合作博弈和非合作博弈下的最优定价策略。曹柬等(2013)基于制造商的努力水平,设计政府对制造商的激励契约,分析了制造商的再制造率等因素与政府激励契约的关系。裴蓓(2013)根据政府的监督频率和制造商回收努力,建立了政府与制造商的 Stackelberg 博弈模型,分析了政府激励和监督对制造商回收 WEEE 的影响。Hafezalkotob 等(2015)构建了以政府为 Stackelberg 领导者、企业为跟从者的博弈模型,研究政府补贴措施对传统供应链与逆向供应链的决策影响。Hong 等(2016)分析了在分散决策下,政府如何制定补贴策略以监督和引导逆向供应链的废旧产品回收活动。

通过对上述文献的梳理归纳,发现涉及政府规制的协调或激励模型一般只考虑产品价格、WEEE 回收率等变量,或单一收费、单一补贴的情况,而在实际运作中,政府参与博弈往往依据的是 WEEE 回收处理量,政府做

第1章 绪　　论

出的决策一般是双管齐下的，即税收与补贴同时存在。另外，上述多数文献中的激励模型大多是探讨政府与制造商之间的主从博弈关系或制造商与回收处理商之间的主从博弈关系。而现实情况往往是政府向制造商征收处理基金，补贴给回收商，且博弈关系为政府是领导者，制造商和回收商为跟随者。前述这些问题，将在本书第5章和第6章进行深入分析。

1.3 主要研究内容

本书主要采用博弈论、激励理论，并部分结合最优控制理论以及实地调研和数值分析手段，基于我国现实国情，对我国 WEEE 回收处理相关企业的运营决策进行分析和研究，试图为推进我国 WEEE 逆向供应链构建和运营过程中政府规制及企业战略的制定与实施提供参考依据。研究内容的体系结构如图 1.4 所示。

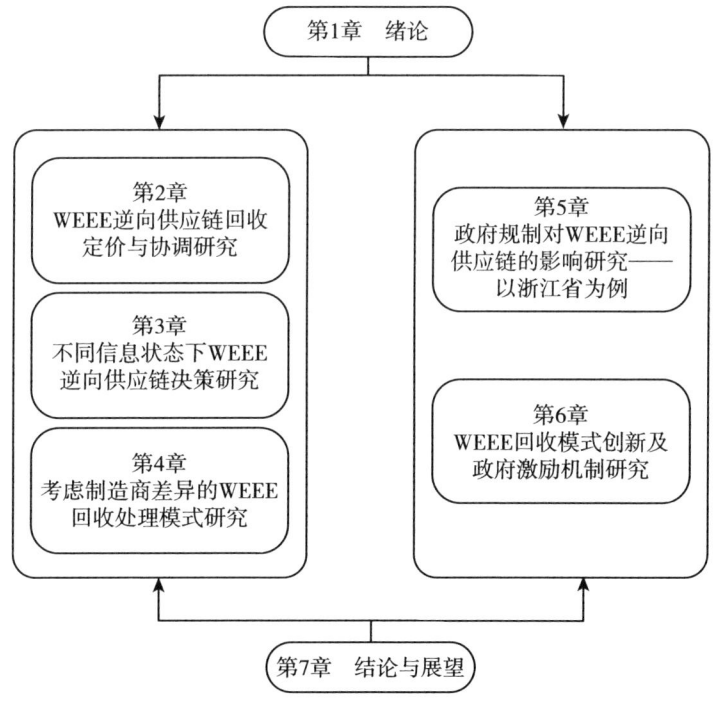

图 1.4　研究内容体系框架

首先,第 1 章绪论部分阐述了研究工作的背景和必要性,指出将分别基于成员企业协调与政府规制视角对 WEEE 逆向供应链的推进策略展开研究。其次,第 2 章～第 4 章研究了基于逆向供应链成员关系分析的 WEEE 回收处理定价与协调机制;第 5 章～第 6 章是基于政府规制视角展开的政府措施及企业策略研究。最后,在第 7 章作了总结和展望。

基于研究框架,进一步阐述本书的主要研究内容。

第 1 章 绪论:简要介绍了 WEEE 逆向供应链运营的实施意义及现状,指出了本书的理论研究及现实应用意义;综述了目前国内外对于 WEEE 逆向供应链运营的研究现状,指出了研究中存在的有待进一步探讨和改进之处,并在此基础上提出了本书意欲解决的问题;最后提出了研究框架和思路,总结了主要研究内容。

第 2 章 WEEE 逆向供应链回收定价与协调研究:针对 WEEE 制造商处理模式,构建了制造商主导、销售商为跟随企业的二级逆向供应链 Stackelberg 博弈模型,分别探讨了分散决策下和集中决策下的定价策略;针对 WEEE 拆解商处理模式,构建了以制造商为主导,销售商和拆解商为跟随企业的三级逆向供应链 Stackelberg 博弈模型,分别探讨了分散决策下和集中决策下的定价策略;建立了拆解商与回收商之间的协调机制,探讨了该机制对 WEEE 回收定价决策的影响,通过对比分析了逆向供应链各成员企业的收益,得到 WEEE 逆向供应链运营的最优策略。

第 3 章 不同信息状态下 WEEE 逆向供应链决策研究:针对完全信息下的 WEEE 逆向供应链管理,探讨了"回收商拆解处理"和"回收商交于拆解商处理"模式下的 WEEE 定价策略,分析了各模式下分别考虑合作及非合作状态的博弈模型;针对逆向供应链决策中 WEEE 处理成本和处理质量信息隐匿的逆向选择问题,基于制造商和拆解商在信息不确定条件下的静态博弈和信号博弈,提出了完善 WEEE 逆向供应链运营决策的实践措施。

第 4 章 考虑制造商差异的 WEEE 回收处理模式研究:针对不同水平 WEEE 制造商对其产品回收渠道和模式的选择,结合制造商水平差异和消费者偏好对制造商决策的影响,分析了供应链成员对 WEEE 委托回收处理和制造商自行回收处理的决策;进一步探讨了制造商自主回收模式下承担个体回收责任和集体回收责任情况下的 WEEE 逆向供应链决策问题,讨论了回收模式差异对不同水平制造商产品环保设计（DfE）水平的影响，最终提出有利于促进制造商加大 DfE 投入的激励机制。

第 5 章　政府规制对 WEEE 逆向供应链的影响研究——以浙江省为例：通过对浙江省 WEEE 逆向物流的实地调研和分析，概括归纳了目前浙江省 WEEE 回收处理流程及主体；基于博弈视角研究了政府与逆向供应链成员之间的关系，分析了政府对 WEEE 逆向物流的激励，探讨了不同回收模式下政府如何制定 WEEE 处理基金征收及补贴标准使社会总福利达到最优。

第 6 章　WEEE 回收模式创新及政府激励机制研究：研究了 WEEE 回收模式创新以及在第三方集成网络平台模式下政府与网络平台的博弈和激励机制设计，探讨政府有无补贴情况下最优 WEEE 回收处理模式；针对 WEEE 回收处理的逆向选择和道德风险问题，研究了在闭环供应链中政府对于第三方集成网络平台的激励模型，为政府甄别不同回收能力的网络平台并提供有效激励提供决策参考。

第 7 章　结论与展望。

简而言之，希冀本书的研究成果能对目前我国 WEEE 逆向供应链的发展，对政府相关环境规制的制定与实施，带来一定的参考和指导作用。

第 2 章

WEEE 逆向供应链回收定价与协调研究

在本章中,根据废旧产品处理主体的不同,将 WEEE 的处理模式分为两大类,即制造商处理模式和拆解商处理模式。分别构建两种模式下的分散和决策模型,探讨 WEEE 逆向供应链最优决策。此外,考虑回收努力程度等因素设计 WEEE 逆向供应链内部成员协调契约,分别讨论供应链分散式和集中式决策模型下协调契约对 WEEE 回收定价的决策影响。

2.1 制造商处理废旧电器电子产品的回收定价决策

本节首先研究制造商处理情况下 WEEE 逆向供应链定价决策。在制造商负责 WEEE 处理模式中,可以根据回收废旧产品主体的不同,进一步细分为:(1) 制造商回收、制造商处理;(2) 销售商回收、制造商处理。考虑到在实际情况中,制造商同时承担新产品制造与废旧产品再制造的任务,消费者对新产品与再制造产品会有不同的支付意愿,模型构建中采用差异化定价策略。

2.1.1 制造商回收、制造商处理定价模型

2.1.1.1 模型描述

在分析制造商回收、制造商处理的决策问题时,构建由制造商和销售

商构成的二级逆向供应链模型。制造商负责生产新产品和再制造产品、回收废旧产品以及处理废旧产品等业务,而销售商只负责新产品和再制造品的销售。建立以制造商为主导的 Stackelberg 模型,并运用差异化定价策略,即制造商以不同的批发价格出售新产品和再制造品给销售商,同时销售商也以不同的销售价格出售新产品和再制造品给消费者。具体流程如图 2.1 所示。

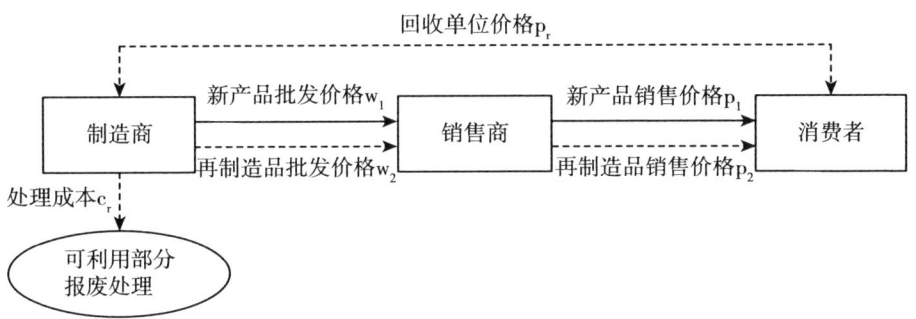

图 2.1 制造商回收、制造商处理模式流程

模型中涉及的相关参数说明如下:

w_1:新产品的单位批发价格(制造商决策变量);

w_2:再制造产品的单位批发价格,$w_1 > w_2$(制造商决策变量);

c_1:制造商生产新产品的单位成本;

c_2:制造商生产再制造产品的单位成本;

p_1:新产品的单位销售价格,$p_1 > w_1 > c_1$(销售商决策变量);

p_2:再制造产品的单位销售价格,$p_1 > p_2$,$p_2 > w_2 > c_2$(销售商决策变量);

p_r:制造商从消费者处回收废旧电器电子产品的单位回收价格,$p_r < c_2 < w_2$(制造商决策变量);

q_1:新产品的市场需求量,$q_1 = a - \mu p_1$,其中,a 表示市场容量,μ 表示产品价格对需求的影响系数;

q_2:再制造产品的市场需求量,$q_2 = \mu(p_1 - p_2)$;

Q_r:废旧产品的回收量,是关于回收价格的线性函数,回收价格越高,可得到的废旧品越多,设 $Q_r = A + \alpha p_r + \varepsilon$,其中,$A$ 表示不依赖于回

收价格的基本回收量，α 表示回收价格对回收量的影响系数（α>0），ε 为外生不确定因素，假设 ε 服从 [0, 1] 区间的均匀分布；

f：政府给处理废旧产品企业的单位补贴；

c_a：销售商销售产品的单位固定成本（运输、仓储等），$p_1 > c_a + w_1$；

c_b：制造商回收废旧产品过程的单位固定成本，$p_2 > c_a + w_2$；

m：制造商处理废旧产品后，因得到可再利用零部件和原材料而获得的单位收入；

c_r：处理废旧产品的单位费用；

π_m：制造商的利润函数；

π_s：销售商的利润函数；

π：供应链的总利润函数。

由于现实情况较复杂，为了简化研究，提出以下模型假设。

（1）制造商生产的再制造品可以满足市场对再制造产品的需求。

（2）制造商回收再利用废旧电器电子产品有利可图，且政府为了激励制造商行为，会提供一定补贴。

（3）制造商回收的废旧产品可全部进行再处理并且加以利用。

（4）制造商和销售商均为完全理性，根据自身期望收益最大化原则进行决策。

（5）制造商和销售商均为风险中性，即其效用与期望收益等值。

建立制造商与销售商的逆向供应链模型，分别讨论分散决策和集中决策下逆向供应链成员企业的最优决策。

2.1.1.2 分散决策模型

制造商作为 Stackelberg 博弈的领导者，首先决定最优废旧产品回收价格 p_r 和新产品与再制造产品的批发价格 w_1、w_2，销售商接着选择新产品与再制造产品的最优销售价格 p_1、p_2，得到制造商、销售商的利润函数分别为：

$$\pi_m = q_1(w_1 - c_1) + q_2(w_2 - c_2) + mQ_r + fQ_r - p_rQ_r - c_bQ_r - c_rQ_r$$
$$= q_1(w_1 - c_1) + q_2(w_2 - c_2) + Q_r(m + f - p_r - c_b - c_r) \quad (2-1)$$
$$\pi_s = q_1(p_1 - w_1) + q_2(p_2 - w_2) - (q_1 + q_2)c_a$$

$$= q_1(p_1 - w_1 - c_a) + q_2(p_2 - w_2 - c_a) \qquad (2-2)$$

由于 $Q_r = A + \alpha p_r + \varepsilon$，$q_1 = a - \mu p_1$，$q_2 = \mu(p_1 - p_2)$，将其代入利润函数中，则可以得到：

$$\pi_m = (a - \mu p_1)(w_1 - c_1) + \mu(p_1 - p_2)(w_2 - c_2)$$
$$+ (A + \alpha p_r + \varepsilon)(m + f - p_r - c_b - c_r) \qquad (2-3)$$

$$\pi_s = (a - \mu p_1)(p_1 - w_1 - c_a) + \mu(p_1 - p_2)(p_2 - w_2 - c_a) \qquad (2-4)$$

根据逆向归纳法（张维迎，2004），先对销售商的利润函数 π_s 求偏导，可得：

$$\frac{\partial \pi_s}{\partial p_1} = -2\mu p_1 + \mu p_2 + \mu w_1 + \mu w_2 + a \qquad (2-5)$$

$$\frac{\partial \pi_s}{\partial p_2} = -2\mu p_2 + \mu p_1 + \mu w_2 + \mu c_a \qquad (2-6)$$

因为 $\mu > 0$，所以 $\frac{\partial^2 \pi_s}{\partial p_1^2} = -2\mu < 0$，$\frac{\partial^2 \pi_s}{\partial p_2^2} = -2\mu < 0$，可知 π_s 是关于 p_1、p_2 的凹函数，可取得极大值。令 $\frac{\partial \pi_s}{\partial p_1} = 0$，$\frac{\partial \pi_s}{\partial p_2} = 0$，可得出销售商利润最大时的销售价格 p_1、p_2 为：

$$p_1 = \frac{2}{3}w_1 - \frac{1}{3}w_2 + \frac{1}{3}c_a + \frac{2}{3\mu}a \qquad (2-7)$$

$$p_2 = \frac{1}{3}w_1 + \frac{1}{3}w_2 + \frac{2}{3}c_a + \frac{1}{3\mu}a \qquad (2-8)$$

将 p_1、p_2 代入式（2-3）中，简化可得到制造商利润函数如下：

$$\pi_m = \left(\frac{1}{3}a - \frac{2}{3}\mu w_1 + \frac{1}{3}\mu w_2 - \frac{1}{3}\mu c_a\right)(w_1 - c_1)$$
$$+ \left(\frac{1}{3}a + \frac{1}{3}\mu w_1 - \frac{2}{3}\mu w_2 - \frac{1}{3}\mu c_a\right)(w_2 - c_2)$$
$$+ (A + \alpha p_r + \varepsilon)(m + f - p_r - c_b - c_r) \qquad (2-9)$$

经化简后的 π_m 对 w_1、w_2、p_r 求偏导，可得：

$$\frac{\partial \pi_m}{\partial w_1} = -\frac{4}{3}\mu w_1 + \frac{2}{3}\mu w_2 + \frac{2}{3}\mu c_1 - \frac{1}{3}\mu c_2 - \frac{1}{3}\mu c_a + \frac{1}{3}a \qquad (2-10)$$

$$\frac{\partial \pi_m}{\partial w_2} = \frac{2}{3}\mu w_1 - \frac{4}{3}\mu w_2 - \frac{1}{3}\mu c_1 + \frac{2}{3}\mu c_2 - \frac{1}{3}\mu c_a + \frac{1}{3}a \quad (2-11)$$

$$\frac{\partial \pi_m}{\partial p_r} = \alpha(m + f - 2p_r - c_b - c_r) - A - \varepsilon \quad (2-12)$$

同理，因为 $\mu > 0$，$\alpha > 0$，所以 $\frac{\partial^2 \pi_m}{\partial w_1^2} = -\frac{4}{3}\mu < 0$，$\frac{\partial^2 \pi_m}{\partial w_2^2} = -\frac{4}{3}\mu < 0$，$\frac{\partial^2 \pi_m}{\partial p_r^2} = -2\alpha < 0$，故 π_m 是关于 w_1、w_2、p_r 的凹函数，可取得极大值。令 $\frac{\partial \pi_m}{\partial w_1} = 0$，$\frac{\partial \pi_m}{\partial w_2} = 0$，$\frac{\partial \pi_m}{\partial p_r} = 0$，可得出制造商利润最大时的批发价格、回收价格 w_1^*、w_2^* 和 p_r^*：

$$w_1^* = \frac{1}{2}c_1 - \frac{1}{2}c_a + \frac{1}{2\mu}a \quad (2-13)$$

$$w_2^* = \frac{1}{2}c_2 - \frac{1}{2}c_a + \frac{1}{2\mu}a \quad (2-14)$$

$$p_r^* = \frac{1}{2}(m + f - c_b - c_r) - \frac{1}{2\alpha}(A + \varepsilon) \quad (2-15)$$

进一步得到最优解 p_1^*、p_2^* 为：

$$p_1^* = \frac{1}{3}c_1 - \frac{1}{6}c_2 + \frac{1}{6}c_a + \frac{5}{6\mu}a \quad (2-16)$$

$$p_2^* = \frac{1}{6}c_1 + \frac{1}{6}c_2 + \frac{1}{3}c_a + \frac{2}{3\mu}a \quad (2-17)$$

将最优价格 p_1^*、p_2^*、w_1^*、w_2^* 和 p_r^* 代入制造商利润函数 π_m 和销售商利润函数 π_s，可得制造商和销售商的最大利润 π_m^*、π_s^* 以及供应链最优总利润 π^*。

2.1.1.3 集中决策模型

在集中决策分析时，供应链系统的各成员企业目标一致，共同决定销售价格和回收废旧产品的回收价格，从而使整个供应链系统利润最大化，由此得到供应链利润函数为：

$$\pi = \pi_m + \pi_s = (a - \mu p_1)(p_1 - c_1 - c_a) + \mu(p_1 - p_2)(p_2 - c_2 - c_a)$$
$$+ (A + \alpha p_r + \varepsilon)(m + f - p_r - c_b - c_r) \qquad (2-18)$$

此时，π 是关于 p_1、p_2 和 p_r 的多元函数，对其各自求偏导，得到：

$$\frac{\partial \pi}{\partial p_1} = -2\mu p_1 + \mu p_2 + \mu c_1 - \mu c_2 + a \qquad (2-19)$$

$$\frac{\partial \pi}{\partial p_2} = \mu p_1 - 2\mu p_2 + \mu c_2 + \mu c_a \qquad (2-20)$$

$$\frac{\partial \pi}{\partial p_r} = \alpha(m + f - 2p_r - c_b - c_r) - A - \varepsilon \qquad (2-21)$$

由于影响系数 $\mu > 0$，$\alpha > 0$，$\frac{\partial^2 \pi}{\partial p_1^2} = -2\mu < 0$，$\frac{\partial^2 \pi}{\partial p_2^2} = -2\mu < 0$，$\frac{\partial^2 \pi}{\partial p_r^2} = -2\alpha < 0$，故 π 是关于 p_1、p_2 和 p_r 的凹函数，可取得极大值。令 $\frac{\partial \pi}{\partial p_1} = 0$，$\frac{\partial \pi}{\partial p_2} = 0$，$\frac{\partial \pi}{\partial p_r} = 0$，得到在集中决策下，销售价格和回收价格的最优解 p_1^{**}、p_2^{**} 和 p_r^{**}：

$$p_1^{**} = \frac{2}{3}c_1 - \frac{1}{3}c_2 + \frac{1}{3}c_a + \frac{2}{3\mu}a \qquad (2-22)$$

$$p_2^{**} = \frac{1}{3}c_1 + \frac{1}{3}c_2 + \frac{2}{3}c_a + \frac{1}{3\mu}a \qquad (2-23)$$

$$p_r^{**} = \frac{1}{2}(m + f - c_b - c_r) - \frac{1}{2\alpha}(A + \varepsilon) \qquad (2-24)$$

将销售价格和回收价格的最优解 p_1^{**}、p_2^{**} 和 p_r^{**} 代入供应链总利润函数 π，得到最优解 π^{**}。

2.1.2 销售商回收、制造商处理定价模型

2.1.2.1 模型描述

在销售商回收、制造商处理模式下，构建由制造商和销售商构成的二级逆向供应链模型。在该模型下，制造商主要负责生产新产品和再制造产品以及处理废旧产品，而销售商负责新产品和再制造品的销售，并将从消

费者手中回收废旧产品。具体的流程如图 2.2 所示。

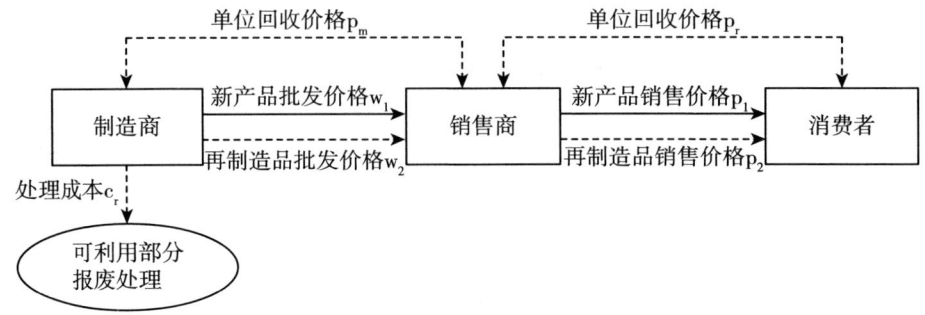

图 2.2 销售商回收、制造商处理回收模式流程

2.1.1 小节中所设参数与模型假设同样适用于本节模型，故不再重复说明，只对新增部分加以说明。

p_r：销售商回收废旧产品的单位回收价格（销售商决策变量）；

p_m：制造商从销售商处购买废旧产品的单位价格，$p_2 > w_2 > p_m > p_r$（制造商决策变量）；

c_d：销售商回收产品过程需要的单位固定成本（物流、仓储等）。

建立制造商与销售商的二级逆向供应链模型，分别讨论分散决策和集中决策下逆向供应链参与企业的最优决策。

2.1.2.2 分散决策模型

制造商作为 Stackelberg 博弈的领导者，首先决定废旧产品回收价格 p_m 和新产品与再制造产品的批发价格 w_1、w_2；销售商根据制造商的决策，接着选择从消费者处回收废旧产品的单位回收价格 p_r，新产品与再制造产品的最优销售价格 p_1、p_2，由此得到制造商、销售商的利润函数分别为：

$$\pi_m = q_1(w_1 - c_1) + q_2(w_2 - c_2) + mQ_r + fQ_r - p_m Q_r - c_b Q_r - c_r Q_r$$
$$= q_1(w_1 - c_1) + q_2(w_2 - c_2) + Q_r(m + f - p_m - c_b - c_r) \quad (2-25)$$
$$\pi_s = q_1(p_1 - w_1) + q_2(p_2 - w_2) - (q_1 + q_2)c_a + p_m Q_r - p_r Q_r - c_d Q_r$$
$$= q_1(p_1 - w_1 - c_a) + q_2(p_2 - w_2 - c_a) + p_m Q_r - p_r Q_r - c_d Q_r \quad (2-26)$$

根据 $Q_r = A + \alpha p_r + \varepsilon$，$q_1 = a - \mu p_1$，$q_2 = \mu(p_1 - p_2)$，可得：

$$\pi_m = (a - \mu p_1)(w_1 - c_1) + \mu(p_1 - p_2)(w_2 - c_2)$$
$$+ (A + \alpha p_r + \varepsilon)(m + f - p_m - c_b - c_r) \quad (2-27)$$

$$\pi_s = (a - \mu p_1)(p_1 - w_1 - c_a) + \mu(p_1 - p_2)(p_2 - w_2 - c_a)$$
$$+ (A + \alpha p_r + \varepsilon)(p_m - p_r - c_d) \quad (2-28)$$

根据逆向归纳算法，先对销售商的利润函数 π_s 求偏导，可得：

$$\frac{\partial \pi_s}{\partial p_1} = -2\mu p_1 + \mu p_2 + \mu w_1 + \mu w_2 + a \quad (2-29)$$

$$\frac{\partial \pi_s}{\partial p_2} = -2\mu p_2 + \mu p_1 + \mu w_2 + \mu c_a \quad (2-30)$$

$$\frac{\partial \pi_s}{\partial p_r} = -2\alpha p_r + \alpha p_m - \alpha c_d - A - \varepsilon \quad (2-31)$$

由于 $\frac{\partial^2 \pi_s}{\partial p_1^2} = -2\mu < 0$，$\frac{\partial^2 \pi_s}{\partial p_2^2} = -2\mu < 0$，$\frac{\partial^2 \pi_s}{\partial p_r^2} = -2\alpha < 0$，可知 π_s 是关于 p_1、p_2、p_r 的凹函数。令 $\frac{\partial \pi_s}{\partial p_1} = 0$，$\frac{\partial \pi_s}{\partial p_2} = 0$，$\frac{\partial \pi_s}{\partial p_r} = 0$，得到最优销售价格 p_1、p_2、p_r 为：

$$p_1 = \frac{2}{3}w_1 - \frac{1}{3}w_2 + \frac{1}{3}c_a + \frac{2}{3\mu}a \quad (2-32)$$

$$p_2 = \frac{1}{3}w_1 + \frac{1}{3}w_2 + \frac{2}{3}c_a + \frac{1}{3\mu}a \quad (2-33)$$

$$p_r = \frac{1}{2}p_m - \frac{1}{2}c_d - \frac{1}{2\alpha}(A + \varepsilon) \quad (2-34)$$

将 p_1、p_2、p_r 代入式（2-27）中，简化可得到制造商利润函数如下：

$$\pi_m = \left(\frac{1}{3}a - \frac{2}{3}\mu w_1 + \frac{1}{3}\mu w_2 - \frac{1}{3}\mu c_a\right)(w_1 - c_1)$$
$$+ \left(\frac{1}{3}a + \frac{1}{3}\mu w_1 - \frac{2}{3}\mu w_2 - \frac{1}{3}\mu c_a\right)(w_2 - c_2)$$
$$+ \frac{1}{2}(\alpha p_m - \alpha c_d + A + \varepsilon)(m + f - p_m - c_b - c_r) \quad (2-35)$$

对 π_m 求 w_1、w_2、p_m 的偏导，可得：

$$\frac{\partial \pi_m}{\partial w_1} = -\frac{4}{3}\mu w_1 + \frac{2}{3}\mu w_2 + \frac{2}{3}\mu c_1 - \frac{1}{3}\mu c_2 - \frac{1}{3}\mu c_a + \frac{1}{3}a \quad (2-36)$$

$$\frac{\partial \pi_m}{\partial w_2} = \frac{2}{3}\mu w_1 - \frac{4}{3}\mu w_2 - \frac{1}{3}\mu c_1 + \frac{2}{3}\mu c_2 - \frac{1}{3}\mu c_a + \frac{1}{3}a \quad (2-37)$$

$$\frac{\partial \pi_m}{\partial p_m} = -\alpha p_m + \frac{1}{2}\alpha(m + f + c_d - c_b - c_r) - \frac{1}{2}(A + \varepsilon) \quad (2-38)$$

$\frac{\partial^2 \pi_m}{\partial w_1^2} = -\frac{4}{3}\mu < 0$，$\frac{\partial^2 \pi_m}{\partial w_2^2} = -\frac{4}{3}\mu < 0$，$\frac{\partial^2 \pi_m}{\partial p_m^2} = -\alpha < 0$，故 π_m 是关于 w_1、w_2、p_m 的凹函数。令 $\frac{\partial \pi_m}{\partial w_1} = 0$，$\frac{\partial \pi_m}{\partial w_2} = 0$，$\frac{\partial \pi_m}{\partial p_m} = 0$，得到最优批发价格、回收价格 w_1^*、w_2^* 和 p_m^*：

$$w_1^* = \frac{1}{2}c_1 - \frac{1}{2}c_a + \frac{1}{2\mu}a \quad (2-39)$$

$$w_2^* = \frac{1}{2}c_2 - \frac{1}{2}c_a + \frac{1}{2\mu}a \quad (2-40)$$

$$p_m^* = \frac{1}{2}(m + f + c_d - c_b - c_r) - \frac{1}{2\alpha}(A + \varepsilon) \quad (2-41)$$

将式（2-39）、式（2-40）、式（2-41）代入最优价格 p_1、p_2 和 p_r，可得到最优解 p_1^*、p_2^*、p_r^* 为：

$$p_1^* = \frac{1}{3}c_1 - \frac{1}{6}c_2 + \frac{1}{6}c_a + \frac{5}{6\mu}a \quad (2-42)$$

$$p_2^* = \frac{1}{6}c_1 + \frac{1}{6}c_2 + \frac{1}{3}c_a + \frac{2}{3\mu}a \quad (2-43)$$

$$p_r^* = \frac{1}{4}(m + f - c_d - c_b - c_r) - \frac{3}{4\alpha}(A + \varepsilon) \quad (2-44)$$

将各最优价格代入制造商和销售商利润函数，便可得出各成员及供应链总利润最优解。

2.1.2.3 集中决策模型

当供应链集中决策时，其利润函数为：

$$\pi = \pi_m + \pi_s = (a - \mu p_1)(p_1 - c_1 - c_a) + \mu(p_1 - p_2)(p_2 - c_2 - c_a)$$

$$+ (A + \alpha p_r + \varepsilon)(m + f - p_r - c_b - c_r - c_d) \quad (2-45)$$

此时，π 是关于 p_1、p_2 和 p_r 的多元函数，对其各自求偏导，得到：

$$\frac{\partial \pi}{\partial p_1} = -2\mu p_1 + \mu p_2 + \mu c_1 - \mu c_2 + a \quad (2-46)$$

$$\frac{\partial \pi}{\partial p_2} = \mu p_1 - 2\mu p_2 + \mu c_2 + \mu c_a \quad (2-47)$$

$$\frac{\partial \pi}{\partial p_r} = \alpha(m + f - 2p_r - c_b - c_r - c_d) - A - \varepsilon \quad (2-48)$$

在集中决策下，得到销售价格和回收价格的最优解 p_1^{**}、p_2^{**} 和 p_r^{**} 如下：

$$p_1^{**} = \frac{2}{3}c_1 - \frac{1}{3}c_2 + \frac{1}{3}c_a + \frac{2}{3\mu}a \quad (2-49)$$

$$p_2^{**} = \frac{1}{3}c_1 + \frac{1}{3}c_2 + \frac{2}{3}c_a + \frac{1}{3\mu}a \quad (2-50)$$

$$p_r^{**} = \frac{1}{2}(m + f - c_b - c_r - c_d) - \frac{1}{2\alpha}(A + \varepsilon) \quad (2-51)$$

将销售价格和回收价格的最优解 p_1^{**}、p_2^{**} 和 p_r^{**} 代入供应链总利润函数 π，得到最优解 π^{**}。

2.1.3 数值分析

2.1.1 小节和 2.1.2 小节分别构建了制造商回收、制造商处理和销售商回收、制造商处理这两个逆向供应链双层规划定价模型，阐述了各个参数对决策变量和期望收益的影响关系，本节将对此作进一步的数值分析，以便更直观地了解其变化趋势。主要讨论新产品价格对需求影响系数 μ 与制造商收益 π_m、销售商收益 π_s、分散决策下供应链总收益 π^1 和集中决策下供应链总收益 π^2 之间的关系。基本参数值设置如下：$A = 10$，$\alpha = 2$，$\varepsilon = 0.5$，$f = 4$，$c_a = 1$，$c_b = 1$，$m = 8$，$c_r = 1$，$c_d = 1$。使用 MATLAB 分析软件，可得到关于影响系数 μ 与各方收益之间的关系图。

制造商回收、制造商处理模式下（见图 2.3），其他参数不变，价格对

需求的影响系数 μ 在取值 1~4 之间时，可得其与 π_m、π_s、π^1 和 π^2 之间的关系：（1）该模式下，期望收益与 μ 呈凸性负相关，即 π_m、π_s、π^1、π^2 都随着影响系数 μ 的增大而减少；（2）无论 μ 如何变化，各期望收益总是满足 $\pi_s < \pi_m < \pi^1 < \pi^2$。

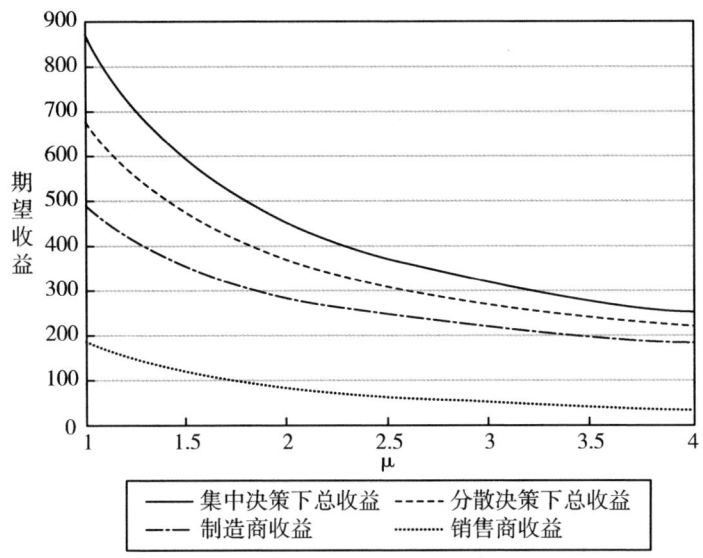

图 2.3　制造商回收、制造商处理模式下 μ 与各期望收益的关系

销售商回收、制造商处理模式下（见图 2.4），其他参数不变，价格对需求的影响系数 μ 在取值 1~4 之间时，可得其与 π_m、π_s、π^1 和 π^2 之间的关系：（1）该模式下，期望收益与 μ 呈凸性负相关，即 π_m、π_s、π^1、π^2 都随着影响系数 μ 的增大而减少；（2）无论 μ 如何变化，各期望收益总是满足 $\pi_s < \pi_m < \pi^1 < \pi^2$。

进一步分析制造商处理下的两种回收模式的差异。图 2.5 描绘了制造商回收、制造商处理和销售商回收、制造商处理这两种模式下，价格对需求的影响系数 μ 与集中决策总收益的关系图。由图 2.5 可得：制造商回收比销售商回收模式优于集中总收益，μ 越大，两者差距越大。

2.1.4　小结

本节通过构建制造商回收、制造商处理和销售商回收、制造商处理两

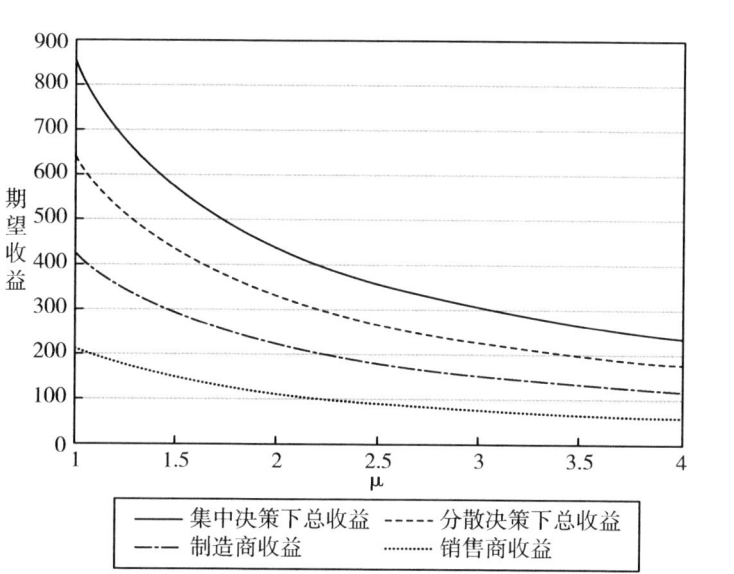

图 2.4 销售商回收、制造商处理模式下 μ 与各期望收益的关系

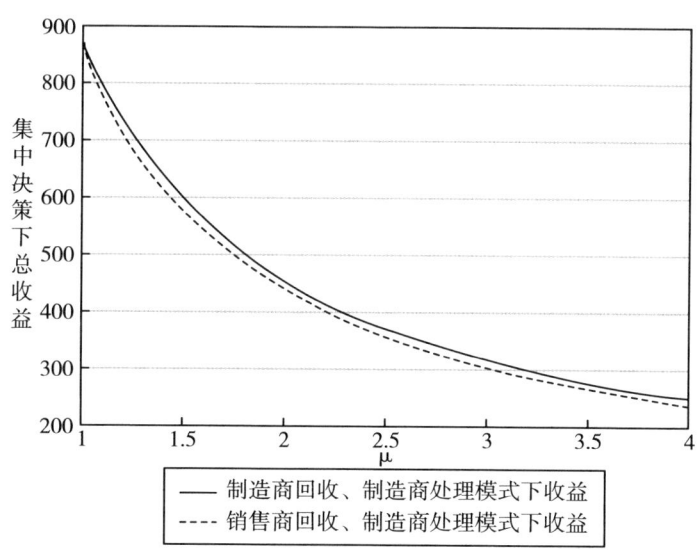

图 2.5 两种回收处理模式下集中决策收益的关系

种 WEEE 逆向供应链定价模型,分别求出在分散决策和集中决策下各决策变量的最优解,从而得出在该最优价格下的最优收益。在此基础上,对模型作了数值分析,更直观地了解到随着新产品价格对需求影响系数 μ 的变

化,制造商收益 π_m、销售商收益 π_s、分散决策下供应链总收益 π^1 和集中决策下供应链总收益 π^2 的变化过程。主要结论简述如下:

(1) 不管是制造商回收、制造商处理模式还是销售商回收、制造商处理模式,其分散决策和集中决策的回收价格策略都不同,供应链利润也不同。

(2) 在两种回收模式下,分散决策时产品批发价和销售价格相同,集中决策时产品的销售价格相同。因此,回收模式不会影响销售价格决策。

(3) 在两种模式下,制造商收益 π_m、销售商收益 π_s、分散决策下供应链总收益 π^1 和集中决策下供应链总收益 π^2 都会随着新产品价格对需求影响系数 μ 的增大而减小。导致这种结果的原因是:在一定价格下,产品需求会随着 μ 的增大而减少,从而导致供应链各成员的收益随之减少。

(4) 在两种模式下,无论 μ 如何变化,各期望收益总是满足 $\pi_s < \pi_m < \pi^1 < \pi^2$。分散决策时制造商占主导地位,首先决定其最优价格,销售商随后根据制造商的决策来决定相对最优价格,从而达到局部最优,故 $\pi_s < \pi_m$;集中决策下成员的目标一致,只考虑整体供应链效益最大化,达到帕累托最优,故 $\pi^1 < \pi^2$。

(5) 对比两种模式的分散决策,得到制造商回收废旧产品时需要支付的回收价格高于销售商回收模式下的回收价格。

(6) 对比两种模式的集中决策,得到:制造商回收模式下的供应链总收益优于销售商回收模式下的总收益,且 μ 越大,两者差距越大。这是因为在销售商回收模式下,产生了销售商在回收过程中的固定成本,导致供应链整体收益减少。

2.2 拆解商处理废旧电器电子产品的回收定价决策

本节研究拆解商处理 WEEE 模式下的逆向供应链定价决策,在该处理模式中,同样可以根据 WEEE 回收主体的不同,具体细分为两种模式,即拆解商回收、拆解商处理和销售商回收、拆解商处理。

2.2.1 拆解商回收、拆解商处理定价模型

2.2.1.1 模型描述

在分析拆解商回收、拆解商处理的决策问题时，构建由制造商、销售商和拆解商构成的三级逆向供应链模型。在该模型下，制造商负责生产新产品和再制造产品，销售商负责将新产品和再制造品出售给消费者，拆解商负责从消费者处回收废旧产品，对废旧产品进行专业处理，并将可利用零部件交给制造商进行再制造。建立以制造商为主导的Stackelberg模型，并用差异化定价策略来具体分析。具体流程如图2.6所示。

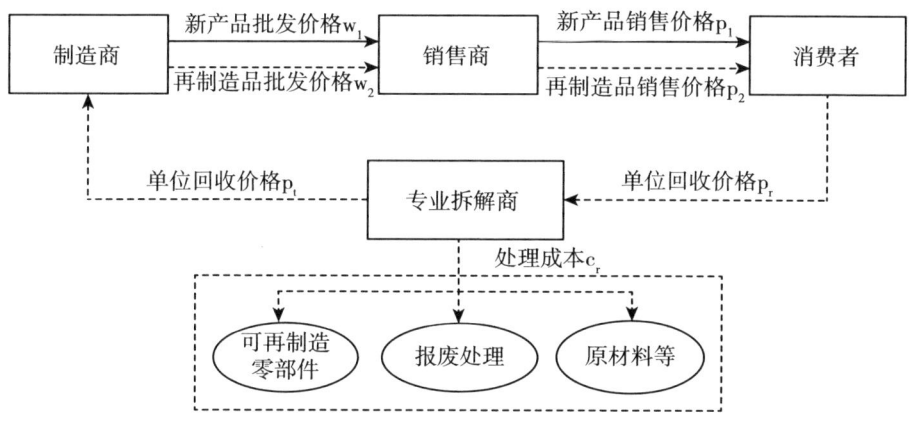

图 2.6 拆解商回收、拆解商处理模式流程

2.1节中所设参数与模型假设同样适用于本节模型，故不再重复说明，只对新增参数作简单说明：

p_r：拆解商回收废旧产品的单位回收价格（拆解商决策变量）；

p_t：制造商从拆解商处购买可再利用零部件的单位价格（制造商决策变量）；

c_e：拆解商在回收产品过程中需要承担的单位固定成本（物流、仓储等）；

c_t：拆解商处理废旧产品的单位费用；

g_t：拆解商对废旧产品进行拆解后，出售可利用材料所得的单位收入，该收入不包括转售给制造商的零部件的部分 p_t；

π_c：拆解商利润函数。

2.2.1.2 分散决策模型

制造商作为 Stackelberg 博弈领导者，首先决定废旧产品回收价格 p_t 和新产品与再制造产品的批发价格 w_1、w_2；销售商和拆解商根据制造商决策，随后选择新产品与再制造产品的最优销售价格 p_1、p_2，从消费者处回收废旧产品的单位回收价格 p_r。由此得到制造商、销售商和拆解商的利润函数分别为：

$$\pi_m = q_1(w_1 - c_1) + q_2(w_2 - c_2) - p_t Q_r - c_b Q_r \quad (2-52)$$

$$\pi_s = q_1(p_1 - w_1) + q_2(p_2 - w_2) - (q_1 + q_2)c_a$$
$$= q_1(p_1 - w_1 - c_a) + q_2(p_2 - w_2 - c_a) \quad (2-53)$$

$$\pi_c = p_t Q_r + f Q_r + g_t Q_r - c_t Q_r - p_r Q_r - c_e Q_r \quad (2-54)$$

将 $Q_r = A + \alpha p_r + \varepsilon$，$q_1 = a - \mu p_1$，$q_2 = \mu(p_1 - p_2)$ 代入利润函数，可得：

$$\pi_m = (a - \mu p_1)(w_1 - c_1) + \mu(p_1 - p_2)(w_2 - c_2) - (A + \alpha p_r + \varepsilon)(p_t + c_b)$$
$$(2-55)$$

$$\pi_s = (a - \mu p_1)(p_1 - w_1 - c_a) + \mu(p_1 - p_2)(p_2 - w_2 - c_a) \quad (2-56)$$

$$\pi_c = (A + \alpha p_r + \varepsilon)(p_t + f + g_t - c_t - p_r - c_e) \quad (2-57)$$

根据逆向归纳法，先对销售商和拆解商的利润函数 π_s、π_c 求偏导，可得：

$$\frac{\partial \pi_s}{\partial p_1} = -2\mu p_1 + \mu p_2 + \mu w_1 + \mu w_2 + a \quad (2-58)$$

$$\frac{\partial \pi_s}{\partial p_2} = -2\mu p_2 + \mu p_1 + \mu w_2 + \mu c_a \quad (2-59)$$

$$\frac{\partial \pi_c}{\partial p_r} = -2\alpha p_r + \alpha(p_t + f + g_t - c_t - c_e) - A - \varepsilon \quad (2-60)$$

第 2 章 WEEE 逆向供应链回收定价与协调研究

因为影响系数 $\mu > 0$，$\alpha > 0$，所以 $\dfrac{\partial^2 \pi_s}{\partial p_1^2} = -2\mu < 0$，$\dfrac{\partial^2 \pi_s}{\partial p_2^2} = -2\mu < 0$，$\dfrac{\partial^2 \pi_c}{\partial p_r^2} = -2\alpha < 0$，可知 π_s 是关于 p_1、p_2 的凹函数，而 π_c 是关于 p_r 的凹函数。令 $\dfrac{\partial \pi_s}{\partial p_1} = 0$，$\dfrac{\partial \pi_s}{\partial p_2} = 0$，$\dfrac{\partial \pi_c}{\partial p_r} = 0$，可得销售商利润最大时的销售价格 p_1、p_2 和拆解商能取得最大利润的回收价格 p_r 为：

$$p_1 = \frac{2}{3}w_1 - \frac{1}{3}w_2 + \frac{1}{3}c_a + \frac{2}{3\mu}a \qquad (2-61)$$

$$p_2 = \frac{1}{3}w_1 + \frac{1}{3}w_2 + \frac{2}{3}c_a + \frac{1}{3\mu}a \qquad (2-62)$$

$$p_r = \frac{1}{2}(p_t + f + g_t - c_t - c_e) - \frac{1}{2\alpha}(A + \varepsilon) \qquad (2-63)$$

将 p_1、p_2、p_r 代入式（2-55）中，简化可得制造商利润函数如下：

$$\begin{aligned}\pi_m =& \left(\frac{1}{3}a - \frac{2}{3}\mu w_1 + \frac{1}{3}\mu w_2 - \frac{1}{3}\mu c_a\right)(w_1 - c_1) \\ &+ \left(\frac{1}{3}a + \frac{1}{3}\mu w_1 - \frac{2}{3}\mu w_2 - \frac{1}{3}\mu c_a\right)(w_2 - c_2) \\ &- \frac{1}{2}(\alpha p_t + \alpha f + \alpha g_t - \alpha c_t - \alpha c_e + A + \varepsilon)(p_t + c_b) \end{aligned} \qquad (2-64)$$

经化简后的 π_m 是关于 w_1、w_2、p_t 的多元函数，对其求偏导，可得：

$$\frac{\partial \pi_m}{\partial w_1} = -\frac{4}{3}\mu w_1 + \frac{2}{3}\mu w_2 + \frac{2}{3}\mu c_1 - \frac{1}{3}\mu c_2 - \frac{1}{3}\mu c_a + \frac{1}{3}a \qquad (2-65)$$

$$\frac{\partial \pi_m}{\partial w_2} = \frac{2}{3}\mu w_1 - \frac{4}{3}\mu w_2 - \frac{1}{3}\mu c_1 + \frac{2}{3}\mu c_2 - \frac{1}{3}\mu c_a + \frac{1}{3}a \qquad (2-66)$$

$$\frac{\partial \pi_m}{\partial p_t} = -\alpha p_t - \frac{1}{2}\alpha(f + g_t + c_b - c_t - c_e) - \frac{1}{2}(A + \varepsilon) \qquad (2-67)$$

由于 $\dfrac{\partial^2 \pi_m}{\partial w_1^2} = -\dfrac{4}{3}\mu < 0$，$\dfrac{\partial^2 \pi_m}{\partial w_2^2} = -\dfrac{4}{3}\mu < 0$，$\dfrac{\partial^2 \pi_m}{\partial p_t^2} = -\alpha < 0$，故 π_m 是关于 w_1、w_2、p_t 的凹函数，可取得极大值。令 $\dfrac{\partial \pi_m}{\partial w_1} = 0$，$\dfrac{\partial \pi_m}{\partial w_2} = 0$，$\dfrac{\partial \pi_m}{\partial p_t} =$

0，得：

$$w_1^* = \frac{1}{2}c_1 - \frac{1}{2}c_a + \frac{1}{2\mu}a \qquad (2-68)$$

$$w_2^* = \frac{1}{2}c_2 - \frac{1}{2}c_a + \frac{1}{2\mu}a \qquad (2-69)$$

$$p_t^* = \frac{1}{2}(c_t + c_e) - \frac{1}{2}(f + g_t + c_b) - \frac{1}{2\alpha}(A + \varepsilon) \qquad (2-70)$$

将式（2-68）、式（2-69）和式（2-70）分别代入 p_1、p_2 和 p_r，可得最优解 p_1^*、p_2^*、p_r^* 为：

$$p_1^* = \frac{1}{3}c_1 - \frac{1}{6}c_2 + \frac{1}{6}c_a + \frac{5}{6\mu}a \qquad (2-71)$$

$$p_2^* = \frac{1}{6}c_1 + \frac{1}{6}c_2 + \frac{1}{3}c_a + \frac{2}{3\mu}a \qquad (2-72)$$

$$p_r^* = \frac{1}{4}(f + g_t - c_b - c_t - c_e) - \frac{3}{4\alpha}(A + \varepsilon) \qquad (2-73)$$

将各最优价格代入制造商、销售商和拆解商利润函数，可得各成员及供应链最优利润。

2.2.1.3 集中决策模型

在集中决策分析时，供应链利润函数为：

$$\pi = \pi_m + \pi_s + \pi_c = (a - \mu p_1)(p_1 - c_1 - c_a) + \mu(p_1 - p_2)(p_2 - c_2 - c_a)$$
$$+ (A + \alpha p_r + \varepsilon)(f + g_t - c_b - p_r - c_t - c_e) \qquad (2-74)$$

此时，π 是关于 p_1、p_2 和 p_r 的多元函数，对其各自求偏导，可得：

$$\frac{\partial \pi}{\partial p_1} = -2\mu p_1 + \mu p_2 + \mu c_1 - \mu c_2 + a \qquad (2-75)$$

$$\frac{\partial \pi}{\partial p_2} = \mu p_1 - 2\mu p_2 + \mu c_2 + \mu c_a \qquad (2-76)$$

$$\frac{\partial \pi}{\partial p_r} = -2\alpha p_r + \alpha(f + g_t - c_b - c_t - c_e) - A - \varepsilon \qquad (2-77)$$

令 $\frac{\partial \pi}{\partial p_1} = 0$，$\frac{\partial \pi}{\partial p_2} = 0$，$\frac{\partial \pi}{\partial p_r} = 0$，则：

$$p_1^{**} = \frac{2}{3}c_1 - \frac{1}{3}c_2 + \frac{1}{3}c_a + \frac{2}{3\mu}a \quad (2-78)$$

$$p_2^{**} = \frac{1}{3}c_1 + \frac{1}{3}c_2 + \frac{2}{3}c_a + \frac{1}{3\mu}a \quad (2-79)$$

$$p_r^{**} = \frac{1}{2}(f + g_t - c_b - c_t - c_e) - \frac{1}{2\alpha}(A + \varepsilon) \quad (2-80)$$

将销售价格和回收价格的最优解 p_1^{**}、p_2^{**} 和 p_r^{**} 代入供应链总利润函数 π，得到最优解 π^{**}。

2.2.2 销售商回收、拆解商处理定价模型

2.2.2.1 模型描述

在分析销售商回收、拆解商处理的定价模型时，同样构建由制造商、销售商和拆解商构成的三级逆向供应链模型。在该模型下，制造商主要负责生产新产品和再制造产品，销售商负责新产品和再制造品的出售以及废旧产品的回收工作，拆解商负责从销售商处集中回收废旧产品，对废旧产品进行专业处理，并将可利用零部件交给制造商进行再制造。建立以制造商为主导的 Stackelberg 模型，并用差异化定价策略来具体分析。具体的流程如图 2.7 所示。

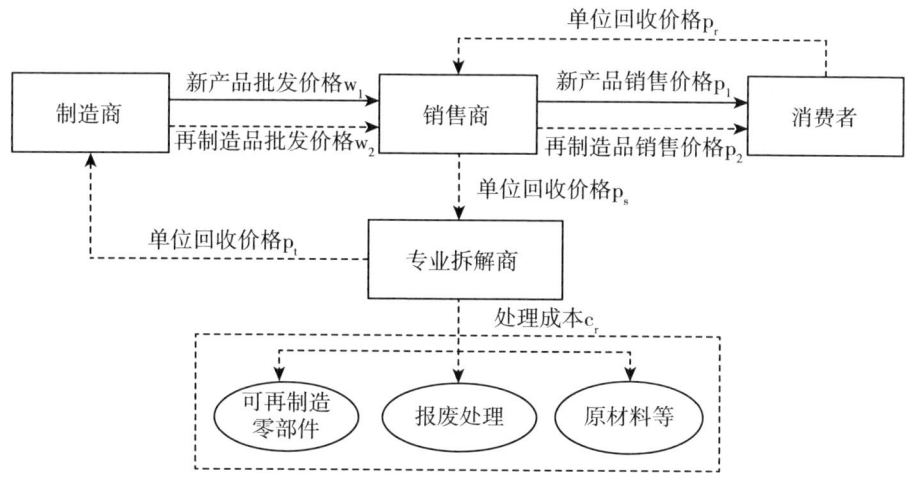

图 2.7 销售商回收、拆解商处理模式的流程

本模型新增参数说明如下：

p_r：销售商从消费者处回收废旧产品的单位回收价格（销售商决策变量）；

p_s：拆解商从销售商处收购废旧电器电子产品的单位价格，$p_s > p_r$（拆解商决策变量）。

2.2.2.2 分散决策模型

制造商首先决定废旧产品回收价格 p_t 和新产品与再制造产品的批发价格 w_1、w_2；拆解商根据制造商的决策，决定从销售商处所购买废旧产品的单位价格 p_s；最后销售商根据制造商和拆解商的价格决策，确定新产品和再制造产品的最优销售价格 p_1、p_2 以及从消费者处回收废旧产品的单位回收价格 p_r。制造商、销售商和拆解商的利润函数分别为：

$$\pi_m = q_1(w_1 - c_1) + q_2(w_2 - c_2) - p_t Q_r - c_b Q_r \qquad (2-81)$$

$$\pi_s = q_1(p_1 - w_1 - c_a) + q_2(p_2 - w_2 - c_a) + Q_r(p_s - p_r - c_d) \qquad (2-82)$$

$$\pi_c = p_t Q_r + f Q_r + g_t Q_r - c_t Q_r - p_s Q_r - c_e Q_r \qquad (2-83)$$

由于 $Q_r = A + \alpha p_r + \varepsilon$，$q_1 = a - \mu p_1$，$q_2 = \mu(p_1 - p_2)$，则：

$$\pi_m = (a - \mu p_1)(w_1 - c_1) + \mu(p_1 - p_2)(w_2 - c_2) - (A + \alpha p_r + \varepsilon)(p_t + c_b) \qquad (2-84)$$

$$\pi_s = (a - \mu p_1)(p_1 - w_1 - c_a) + \mu(p_1 - p_2)(p_2 - w_2 - c_a) \\ + (A + \alpha p_r + \varepsilon)(p_s - p_r - c_d) \qquad (2-85)$$

$$\pi_c = (A + \alpha p_r + \varepsilon)(p_t + f + g_t - c_t - p_s - c_e) \qquad (2-86)$$

根据逆向归纳法，先对销售商的利润函数 π_s 求偏导，可得：

$$\frac{\partial \pi_s}{\partial p_1} = -2\mu p_1 + \mu p_2 + \mu w_1 + \mu w_2 + a \qquad (2-87)$$

$$\frac{\partial \pi_s}{\partial p_2} = -2\mu p_2 + \mu p_1 + \mu w_2 + \mu c_a \qquad (2-88)$$

$$\frac{\partial \pi_s}{\partial p_r} = -2\alpha p_r + \alpha p_s - \alpha c_d - A - \varepsilon \qquad (2-89)$$

令 $\frac{\partial \pi_s}{\partial p_1} = 0$，$\frac{\partial \pi_s}{\partial p_2} = 0$，$\frac{\partial \pi_s}{\partial p_r} = 0$，得到销售商利润最大时的销售价格 p_1、p_2 和回收价格 p_r 为：

$$p_1 = \frac{2}{3}w_1 - \frac{1}{3}w_2 + \frac{1}{3}c_a + \frac{2}{3\mu}a \qquad (2-90)$$

$$p_2 = \frac{1}{3}w_1 + \frac{1}{3}w_2 + \frac{2}{3}c_a + \frac{1}{3\mu}a \qquad (2-91)$$

$$p_r = \frac{1}{2}p_s - \frac{1}{2}c_d - \frac{1}{2\alpha}(A + \varepsilon) \qquad (2-92)$$

将 p_r 代入 π_c 中，可得到简化的拆解商利润函数为：

$$\pi_c = \frac{1}{2}(\alpha p_s - \alpha c_d + A + \varepsilon)(p_t + f + g_t - c_t - p_s - c_e) \qquad (2-93)$$

π_c 是 p_s 的二次函数，对其求导可得：

$$\frac{\partial \pi_c}{\partial p_s} = -\alpha p_s + \frac{1}{2}\alpha(p_t + f + g_t + c_d - c_e - c_t) - \frac{1}{2}(A + \varepsilon) \qquad (2-94)$$

令 $\frac{\partial \pi_c}{\partial p_s} = 0$，得到拆解商利润最大时从销售商处收购废旧产品的价格 p_s 为：

$$p_s = \frac{1}{2}(p_t + f + g_t + c_d - c_e - c_t) - \frac{1}{2\alpha}(A + \varepsilon) \qquad (2-95)$$

将 p_1、p_2、p_r、p_s 代入式（2-84）中，简化可得制造商利润函数如下：

$$\pi_m = \left(\frac{1}{3}a - \frac{2}{3}\mu w_1 + \frac{1}{3}\mu w_2 - \frac{1}{3}\mu c_a\right)(w_1 - c_1)$$

$$+ \left(\frac{1}{3}a + \frac{1}{3}\mu w_1 - \frac{2}{3}\mu w_2 - \frac{1}{3}\mu c_a\right)(w_2 - c_2)$$

$$- \frac{1}{4}[\alpha(p_t + f + g_t - c_d - c_e - c_t) + A + \varepsilon](p_t + c_b) \qquad (2-96)$$

经化简后的 π_m 是关于 w_1、w_2、p_t 的多元函数，对其求各自的偏导，可得：

$$\frac{\partial \pi_m}{\partial w_1} = -\frac{4}{3}\mu w_1 + \frac{2}{3}\mu w_2 + \frac{2}{3}\mu c_1 - \frac{1}{3}\mu c_2 - \frac{1}{3}\mu c_a + \frac{1}{3}a \quad (2-97)$$

$$\frac{\partial \pi_m}{\partial w_2} = \frac{2}{3}\mu w_1 - \frac{4}{3}\mu w_2 - \frac{1}{3}\mu c_1 + \frac{2}{3}\mu c_2 - \frac{1}{3}\mu c_a + \frac{1}{3}a \quad (2-98)$$

$$\frac{\partial \pi_m}{\partial p_t} = -\frac{1}{2}\alpha p_t - \frac{1}{4}\alpha(f + g_t + c_b - c_t - c_e - c_d) - \frac{1}{4}(A + \varepsilon) \quad (2-99)$$

进一步得到制造商利润最大时的批发价格、回收价格 w_1^*、w_2^* 和 p_t^*：

$$w_1^* = \frac{1}{2}c_1 - \frac{1}{2}c_a + \frac{1}{2\mu}a \quad (2-100)$$

$$w_2^* = \frac{1}{2}c_2 - \frac{1}{2}c_a + \frac{1}{2\mu}a \quad (2-101)$$

$$p_t^* = \frac{1}{2}(c_t + c_e + c_d) - \frac{1}{2}(f + g_t + c_b) - \frac{1}{2\alpha}(A + \varepsilon) \quad (2-102)$$

将式（2-100）、式（2-101）和式（2-102）代入最优价格 p_1、p_2、p_s、p_r，得最优解 p_1^*、p_2^*、p_s^*、p_r^* 为：

$$p_1^* = \frac{1}{3}c_1 - \frac{1}{6}c_2 + \frac{1}{6}c_a + \frac{5}{6\mu}a \quad (2-103)$$

$$p_2^* = \frac{1}{6}c_1 + \frac{1}{6}c_2 + \frac{1}{3}c_a + \frac{2}{3\mu}a \quad (2-104)$$

$$p_s^* = \frac{1}{4}(f + g_t + 3c_d - c_b - c_t - c_e) - \frac{3}{4\alpha}(A + \varepsilon) \quad (2-105)$$

$$p_r^* = \frac{1}{8}(f + g_t - c_b - c_t - c_e - c_d) - \frac{7}{8\alpha}(A + \varepsilon) \quad (2-106)$$

将最优价格 p_1^*、p_2^*、p_r^*、p_s^*、w_1^*、w_2^* 和 p_t^* 代入制造商利润函数 π_m、销售商利润函数 π_s 和拆解商利润函数 π_c 中去，可得制造商、销售商和拆解商在该模型下的最大利润 π_m^*、π_s^* 和 π_c^* 以及供应链最优总利润 π^*。

2.2.2.3 集中决策模型

在集中决策模型下，供应链利润函数为：

$$\pi = \pi_m + \pi_s + \pi_c = (a - \mu p_1)(p_1 - c_1 - c_a) + \mu(p_1 - p_2)(p_2 - c_2 - c_a)$$

$$+ (A + \alpha p_r + \varepsilon)(f + g_t - c_b - p_r - c_t - c_e - c_d) \tag{2-107}$$

对 π 关于 p_1、p_2 和 p_r 求偏导,则:

$$\frac{\partial \pi}{\partial p_1} = -2\mu p_1 + \mu p_2 + \mu c_1 - \mu c_2 + a \tag{2-108}$$

$$\frac{\partial \pi}{\partial p_2} = \mu p_1 - 2\mu p_2 + \mu c_2 + \mu c_a \tag{2-109}$$

$$\frac{\partial \pi}{\partial p_r} = -2\alpha p_r + \alpha(f + g_t - c_d - c_b - c_t - c_e) - A - \varepsilon \tag{2-110}$$

由于影响系数 $\mu > 0$,$\alpha > 0$,$\frac{\partial^2 \pi}{\partial p_1^2} = -2\mu < 0$,$\frac{\partial^2 \pi}{\partial p_2^2} = -2\mu < 0$,$\frac{\partial^2 \pi}{\partial p_r^2} = -2\alpha < 0$,故 π 是关于 p_1、p_2 和 p_r 的凹函数,可取得极大值。令 $\frac{\partial \pi}{\partial p_1} = 0$,$\frac{\partial \pi}{\partial p_2} = 0$,$\frac{\partial \pi}{\partial p_r} = 0$,得到销售价格和回收价格的最优解 p_1^{**}、p_2^{**} 和 p_r^{**} 为:

$$p_1^{**} = \frac{2}{3}c_1 - \frac{1}{3}c_2 + \frac{1}{3}c_a + \frac{2}{3\mu}a \tag{2-111}$$

$$p_2^{**} = \frac{1}{3}c_1 + \frac{1}{3}c_2 + \frac{2}{3}c_a + \frac{1}{3\mu}a \tag{2-112}$$

$$p_r^{**} = \frac{1}{2}(f + g_t - c_d - c_b - c_t - c_e) - \frac{1}{2\alpha}(A + \varepsilon) \tag{2-113}$$

将销售价格和回收价格的最优解 p_1^{**}、p_2^{**} 和 p_r^{**} 代入供应链总利润函数 π,得到最优解 π^{**}。

2.2.3 数值分析

基于 2.2.1 小节和 2.2.2 小节构建的拆解商回收、拆解商处理和销售商回收、拆解商处理这两个逆向供应链双层规划定价模型,作进一步的数值分析。主要讨论新产品价格对需求影响系数 μ 与制造商收益 π_m、销售商收益 π_s、拆解商收益 π_c、分散决策下供应链总收益 π^1 和集中决策下供应链总收益 π^2 之间的关系。

基本参数值与 2.1.3 小节相同，此外，增加拆解商相关参数：$c_e = 1$，$c_t = 0.8$，$g_t = 8$。使用 MATLAB 分析软件，得到影响系数 μ 与各方收益之间的关系图。

在拆解商回收、拆解商处理模式下（见图 2.8），其他参数不变，价格对需求影响系数 μ 在取值 1~4 之间时，可得其与 π_m、π_s、π_c、π^1 和 π^2 之间的关系：（1）该模式下，期望收益 π_m、π_s、π^1 和 π^2 与 μ 呈凸性负相关，即 π_m、π_s、π^1、π^2 都随着影响系数 μ 的增大而减少；（2）拆解商收益 π_c 大小与 μ 影响系数无关，即 μ 在取值范围内，π_c 保持恒值；（3）无论 μ 如何变化，各期望收益总是满足 $\pi_c < \pi_s < \pi_m < \pi^1 < \pi^2$。

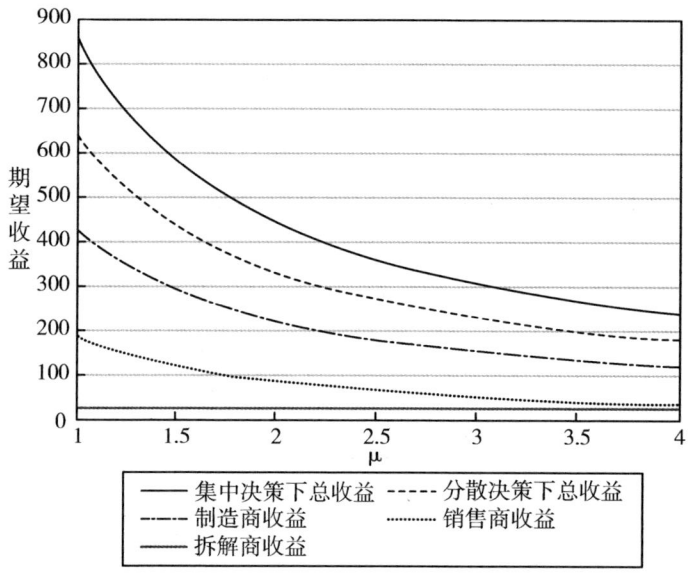

图 2.8 拆解商回收、拆解商处理模式下 μ 与各期望利益的关系

在销售商回收、拆解商处理模式下（见图 2.9），当其他参数不变，价格对需求影响系数 μ 在取值 1~4 之间时，可得其与 π_m、π_s、π_c、π^1 和 π^2 之间的关系：（1）该模式下，期望收益 π_m、π_s、π^1 和 π^2 与 μ 呈凸性负相关，即 π_m、π_s、π^1、π^2 都随着影响系数 μ 的增大而减少；（2）拆解商收益 π_c 大小与 μ 影响系数无关，即 μ 在取值范围内，π_c 保持恒值；（3）无论 μ 如何变化，各期望收益总是满足 $\pi_c < \pi_s < \pi_m < \pi^1 < \pi^2$。

进一步分析拆解商处理下两种回收模式的差异，可得图 2.10，即拆解商回

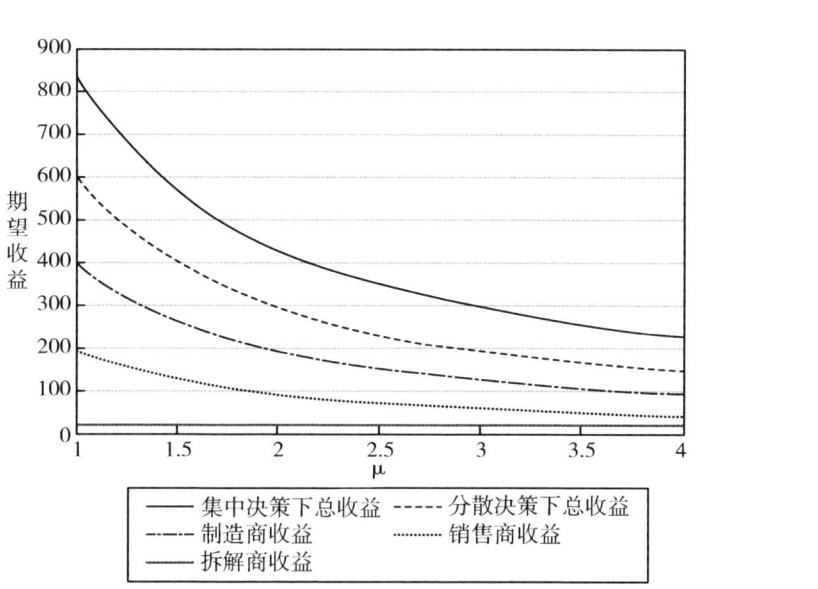

图 2.9 销售商回收、拆解商处理模式下 μ 与各期望利益的关系

收、拆解商处理和销售商回收、拆解商处理这两种模式下,价格对需求影响系数 μ 与集中决策总收益的关系图。由图 2.10 可得:拆解商回收模式下集中决策总收益优于销售商回收模式的集中决策总收益,且 μ 越大,二者差距越大。

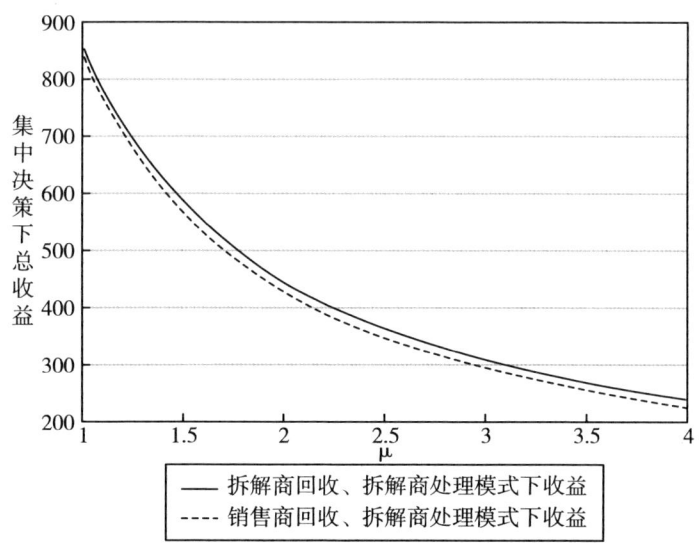

图 2.10 两种回收处理模式下集中决策效益的关系

2.2.4 小结

本节通过构建拆解商回收、拆解商处理和销售商回收、拆解商处理两种 WEEE 逆向供应链定价模型，分别求出在分散决策和集中决策下各决策变量的最优解，从而得出最优收益。并在此基础上，简单地对模型作了数值分析，更直观地了解到随着新产品价格对需求影响系数 μ 的变化，制造商收益 π_m、销售商收益 π_s、拆解商收益 π_c、分散决策下供应链总收益 π^1 和集中决策下供应链总收益 π^2 的变化过程。主要结论简述如下。

（1）无论是拆解商回收、拆解商处理模式还是销售商回收、拆解商处理模式，分散决策和集中决策的回收价格策略都不同，供应链利润也不同。

（2）在两种回收模式下，分散决策时产品批发价和销售价格相同，集中决策时产品的销售价格相同。因此，回收模式不会影响销售价格决策。

（3）在两种模式下，制造商收益 π_m、销售商收益 π_s、分散决策下供应链总收益 π^1 和集中决策下供应链总收益 π^2 都会随着新产品价格对需求影响系数 μ 的增大而减小。导致这种结果的原因：在一定价格下，产品需求会随着 μ 的增大而减少，从而导致制造商、销售商以及供应链总收益都随之减少。

（4）拆解商收益 π_c 大小与影响系数 μ 无关，即不论 μ 如何变化，π_c 保持恒值。

（5）在两种回收模式下，无论 μ 如何变化，各期望收益总是满足 $\pi_c < \pi_s < \pi_m < \pi^1 < \pi^2$。原因是在供应链中，分散决策时制造商占主导地位，首先决定最优价格，销售商和拆解商跟随企业，根据制造商的决策来决定该条件下的相对最优价格，从而达到局部最优，故 π_c、$\pi_s < \pi_m$；同时，由于拆解商收益来源只有拆解处理废旧产品所得，且该收益相对较少，故 $\pi_c < \pi_s$；集中决策下成员的目标一致，只考虑整体供应链效益最大化，达到帕累托最优，故 $\pi^1 < \pi^2$。

（6）对比两种分散决策模式，得到制造商回收废旧产品时需要支付的回收价格在销售商回收模式中比在拆解商回收模式中更多。

(7) 对比两种模式的集中决策，得到：拆解商回收模式下的供应链总利润优于销售商回收模式下的总利润，且 μ 越大，两者差距越大。原因是在销售商回收模式下，产生了销售商在回收过程中的固定成本，导致供应链整体收益减少。

2.3 废旧电器电子产品回收的逆向供应链协调机制

本节研究 WEEE 逆向供应链内部成员协调契约对 WEEE 回收定价决策的影响，考虑回收努力程度等因素来设计拆解商与回收商间的协调契约，并分别讨论拆解商和回收商分散式决策和集中式决策下的收益情况。

2.3.1 相关参数与模型假设

实践中，拆解商委托回收商回收 WEEE 时订立契约，回收商根据协定的契约将废旧产品交付给拆解商进行处理。在此背景下，建立由拆解商和回收商构成的二级逆向供应链决策模型，提出研究问题的相关参数和假设条件如下。

（1）拆解商：废旧产品处理量为 $q_m = a_1 - b_1 p_m + \varepsilon_1$，其中，$a_1$ 是不依赖于处理品价格的基本处理量，b_1 表示处理品价格对处理量的影响系数，p_m 是拆解商出售给制造商的废旧处理产品单位价格，ε_1 为外生不确定性因素，假设 ε_1 服从 [0，1] 区间均匀分布；政府给拆解商的单位处理品补贴费用为 f；WEEE 单位处理费用为 c_m。此外，假设拆解商规定回收商的基本 WEEE 回收量为 q，当回收商回收量大于该值时，超过部分能得到单位奖励为 α_1，否则将受到单位惩罚 α_2。

（2）回收商：废旧产品回收量为 $q_r = a_2 - b_2 p_r + ke + \varepsilon_2$，其中，$a_2$ 是不依赖于回收价格的基本回收量；b_2 表示回收价格对回收量的影响系数；p_r 是回收商向消费者回收废旧产品的回收价格，是回收商的决策变量；e 表示回收努力程度（包括回收渠道设置、广告投入、人员培训等，为决策变量）；k 表示 e 对 q_r 的影响系数，k > 0；ε_2 为外生不确定性因素，假设

ε_2 服从 [0, 1] 区间均匀分布。

设立拆解商与回收商的契约为 $S(q) = M + \alpha_1 (q_r - q)^+ - \alpha_2 (q - q_r)^+$，其中 α_1、α_2 分别表示奖励力度和惩罚力度，M 表示拆解商支付给回收商的基本收益。现实中，α_1、α_2 的取值取决于两者的相对谈判能力，拆解商的谈判能力越强，α_1、α_2 越大。此外，假设回收努力成本 $c(e) = he^2/2$，其中 h 表示努力成本系数，$h > 0$。需要指出的是，处理商对废旧产品处理量显然不会超过废旧产品回收量，即满足 $q_r \geq q_m$。

为了便于模型分析，做出如下假设。

（1）拆解商和回收商均为完全理性，即根据各自期望收益最大化原则进行决策。

（2）拆解商具有足够的规模和技术水平对 WEEE 进行检测拆解处理，不存在处理品需求量超过拆解商处理范围的情况。

（3）回收商风险中性（效用与期望收益等值），拆解商风险规避（拆解商面对 WEEE 处理量的不确定性风险）。

2.3.2 模型构建与求解

本节建立拆解商与回收商的逆向供应链模型，分别讨论分散决策和集中决策下逆向供应链参与企业的最优决策，即回收商确定最优废旧产品回收价格 p_r，拆解商规定回收商的基本回收量 p，同时确定最优处理品价格 p_m。

（1）分散决策模型。

在分散决策情况下，该逆向供应链决策本质上为拆解商为领导者、回收商为跟从者的 Stackelberg 博弈过程，由此得到回收商、拆解商的利润函数分别为：

$$\pi_R = S(q) - p_r q_r - c(e) = M + \alpha_1 (q_r - q)^+ - \alpha_2 (q - q_r)^+ - p_r q_r - he^2/2 \quad (2-114)$$

$$\begin{aligned}\pi_M &= fq_m + p_m q_m - c_m q_r - S(q) \\ &= fq_m + p_m q_m - c_m q_r - M - \alpha_1 (q_r - q)^+ + \alpha_2 (q - q_r)^+\end{aligned} \quad (2-115)$$

第 2 章　WEEE 逆向供应链回收定价与协调研究

拆解商作为 Stackelberg 博弈领导者，首先决定处理品最优销售价格和基本回收量，回收商接着选择最优回收价格，采用逆向归纳法求解该模型。

回收商的期望收益函数为：

$$E\pi_R = M + \alpha_1\left(a_2 - b_2 p_r + ke + \frac{1}{2} - q\right) + \frac{(\alpha_1 - \alpha_2)(q - a_2 + b_2 p_r - ke)^2}{2}$$

$$- p_r(a_2 - b_2 p_r + ke) - \frac{he^2}{2} \tag{2-116}$$

其中，$\partial^2 E\pi_R / \partial e^2 = -h + k^2(\alpha_1 - \alpha_2)$，由于当前我国政府环境规制尚不完善、再制造产业尚处于起步阶段，回收商回收努力成本较大，提高努力水平对回收量的增加影响程度较小；同时，回收商面对的市场不确定性较大，其回收努力成本系数也较高。因此，$-h + k^2(\alpha_1 - \alpha_2) < 0$ 在现实国情下容易满足。根据 $\partial^2 E\pi_R / \partial e^2 < 0$，得出回收商的期望收益函数 $E\pi_R$ 是关于 e 的凹函数，由一阶条件 $\partial E\pi_R / \partial e = 0$ 得到回收商的努力程度为：

$$e = \frac{k(\alpha_1 - p_r) + k(\alpha_1 - \alpha_2)(a_2 - b_2 p_r - q)}{h - k^2(\alpha_1 - \alpha_2)} \tag{2-117}$$

由海赛矩阵负定得出 $\partial^2 E\pi_R / \partial p_r^2 < 0$。则由 $\partial E\pi_R / \partial p_r = 0$，得到：

$$p_r = \frac{a_2 + \alpha_1 b_2 - b_2(\alpha_1 - \alpha_2)(q - a_2 - ke)}{b_2^2(\alpha_1 - \alpha_2) + 2b_2} \tag{2-118}$$

假定拆解商风险规避，则其效用函数可用负指数效用函数 $U(\pi_M) = -e^{-\rho \pi_M}$ 表示，其中，$\rho > 0$ 为绝对风险规避系数。不确定因素 ε_1 服从 [0, 1] 区间均匀分布，采用确定性等价量 W 求解拆解商的期望收益 $E\pi_M$。根据 $EU = U(W)$，可知 $EU = -e^{-\rho(A-\rho B/2)} = -e^{-\rho(W)}$，即 $W = A - \rho B/2$，其中，A 和 B 分别为 π_M 的均值和方差。基于式（2-115）可求得：

$$A = (f + p_m)(a_1 - b_1 p_m) - c_m(a_2 - b_2 p_r + ke) - M$$

$$- \alpha_1\left(a_2 - b_2 p_r + ke + \frac{1}{2} - q\right) - \frac{(\alpha_1 - \alpha_2)(q - a_2 + b_2 p_r - ke)^2}{2} \tag{2-119}$$

$$B = (f + p_m)^2 / 12 \tag{2-120}$$

由此得到拆解商的期望收益为：

$$E\pi_M = (f+p_m)(a_1-b_1p_m) - c_m(a_2-b_2p_r+ke) - M$$
$$- \alpha_1\left(a_2-b_2p_r+ke+\frac{1}{2}-q\right) - \frac{(\alpha_1-\alpha_2)(q-a_2+b_2p_r-ke)^2}{2} - C_q$$

(2-121)

其中，$C_q = \rho(f+p_m)^2/24$，表示由于拆解商废旧产品处理量的不确定性导致的回收处理商的风险成本。

由于 $\partial^2 E\pi_M/\partial p_m^2 < 0$，$\partial^2 E\pi_M/\partial q^2 < 0$，故拆解商期望收益函数 $E\pi_M$ 是关于 p_m 和 q 的联合凹函数。令 $\partial E\pi_M/\partial p_m = 0$，$\partial E\pi_M/\partial q = 0$，可求解得出拆解商的最优决策。

综上所述，得到分散决策下拆解商和回收商的决策变量表示如下：

$$e^I = \frac{k[(\alpha_1-\alpha_2)b_2q+a_2-\alpha_1b_2]}{b_2[(\alpha_1-\alpha_2)(k^2-hb_2)-2h]} \quad (2-122)$$

$$p_r^I = \frac{hb_2(\alpha_1-\alpha_2)(q-a_2)+k^2a_2(\alpha_1-\alpha_2)-hb_2\alpha_1+h\alpha_2}{b_2[(\alpha_1-\alpha_2)(k^2-hb_2)-2h]}$$

(2-123)

$$p_m^I = \frac{a_1-(b_1+\rho/12)f}{2b_1+\rho/12} \quad (2-124)$$

$$q^I = \frac{\alpha_1b_2(k^2-hb_2)+hb_2(2a_2-\alpha_1)-a_2k^2}{2hb_2} - \frac{A(c_m+\alpha_1)(A+2h)-A^2\alpha_1}{4h^2(\alpha_1-\alpha_2)}$$

(2-125)

其中，$A = (k^2-hb_2)(\alpha_1-\alpha_2)-2h$；上标"I"表示 Stackelberg 博弈下分散决策得到的决策结果。将式（2-122）~式（2-125）代入式（2-116）和式（2-121）即可得回收商和拆解商的最优期望收益。

（2）集中决策模型。

供应链集中决策时，系统总利润的目标函数为：

$$\begin{aligned}\pi_T &= fq_m + p_m q_m - c_m q_r - p_r q_r - c(e) \\ &= (f+p_m)(a_1-b_1p_m+\varepsilon_1) - (c_m+p_r)(a_2-b_2p_r+ke+\varepsilon_2) - he^2/2\end{aligned}$$

(2-126)

期望收益函数为：

$$E\pi_T = (f + p_m)(a_1 - b_1 p_m) - (c_m + p_r)(a_2 - b_2 p_r + ke) - he^2/2$$

$$(2-127)$$

同理，$\partial^2 E\pi_T/\partial e^2 = -h < 0$，得到回收商的期望收益函数 $E\pi_T$ 是关于 e 的凹函数。由一阶条件 $\partial E\pi_T/\partial e = 0$ 和 $e \geq 0$ 得到回收商的努力程度为：$e^{II} = 0$。由海赛矩阵负定得出 $\partial^2 E\pi_T/\partial p_r^2 < 0$，则由 $\partial E\pi_T/\partial p_r = 0$，得到 $p_r^{II} = \dfrac{a_2 - b_2 c_m}{2b_2}$。$\partial^2 E\pi_T/\partial p_m^2 < 0$，令 $\partial E\pi_M/\partial p_m = 0$，可求解得出拆解商设立的最优基本回收量 $p_m^{II} = \dfrac{a_1 - b_1 f}{2b_1}$。

其中上标"II"表示 Stackelberg 博弈下集中决策得到的决策结果。将上述最优决策代入式（2-127）可得由回收商和拆解商构成的供应链最优期望总收益。

2.3.3 数值分析

基于 2.3.2 小节模型构建和求解，进一步分析奖励系数 α_1 和惩罚系数 α_2 与期望收益 $E\pi_R$、$E\pi_M$ 以及契约 S 之间的关系。设基本参数值如下：$a_1 = 50$，$a_2 = 100$，$b_1 = 0.4$，$b_2 = 3$，$f = 5$，$c_m = 1$，$\alpha_1 = 2$，$\alpha_2 = 4$，$h = 5$，$k = 3$，$M = 400$，$\rho = 24$。

图 2.11 描绘了在契约 S 下，当其他参数不变、惩罚系数 $\alpha_2 = 4$ 不变时，奖励系数 α_1 与拆解商收益 $E\pi_M$、回收商收益 $E\pi_R$ 之间的关系。由图 2.11 可得：（1）$E\pi_M$ 和 $E\pi_R$ 有一个交叉点，在该点上两者相等，即当 $\alpha_1 = 3.88$ 时，$E\pi_M = E\pi_R = 312$；（2）拆解商期望收益随着奖励系数下降，原因是随着 α_1 增大，由于契约的约束，拆解商支付给回收商的费用会增大，导致期望收益减少；（3）回收商期望收益随着奖励系数整体呈上升趋势，但在 $\alpha_1 \in [3.5, 3.8]$ 区间有小幅下降，之后又呈上升趋势。

图 2.12 描绘了在契约 S 下，当其他参数不变、奖励系数 $\alpha_1 = 2$ 不变时，惩罚系数 α_2 与拆解商收益 $E\pi_M$、回收商收益 $E\pi_R$ 之间的关系。由图 2.12 可得：（1）拆解商期望利润随着惩罚系数的增加保持不变，原因是惩罚回收商所得收益在一定程度上被减少的政府补贴以及拆解废旧产品所

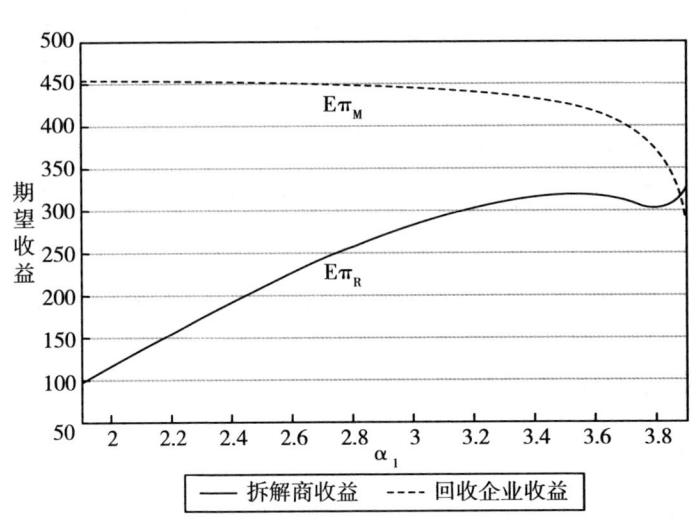

图 2.11 分散决策下奖励系数 α_1 与 $E\pi_M$、$E\pi_R$ 的关系

得收益所抵销；(2) 回收商期望利润随着惩罚系数的增加呈波动趋势，原因是最初惩罚系数增加对回收商有一定的威吓作用，使其期望收益减少，但随着惩罚系数继续增大，回收商便会通过各种途径增加回收量，从而使期望收益增大，一旦惩罚系数增大到某一程度（图 2.12 中为 $\alpha_2 = 4.5$），回收商便会失去回收的积极性，最终导致收益下降。

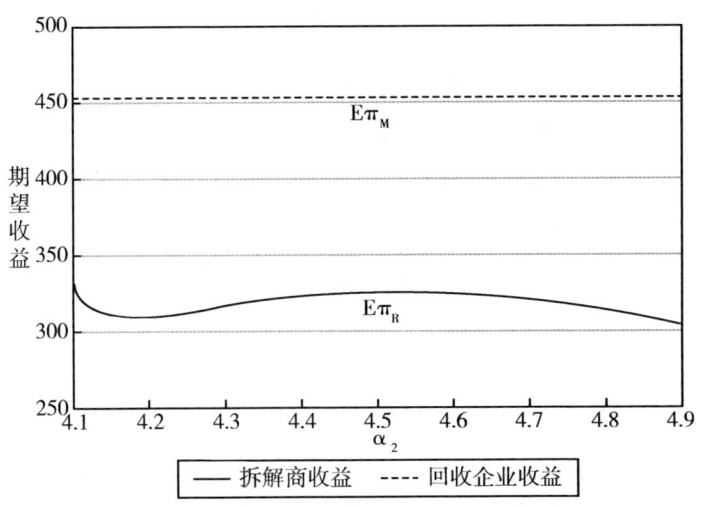

图 2.12 分散决策下惩罚系数 α_2 与 $E\pi_M$、$E\pi_R$ 的关系

图 2.13 绘制了奖励系数 α_1、惩罚系数 α_2 同时变化对契约 S 的影响。由图 2.13 可得：(1) 无论 α_2 如何变化，S 与 α_1 呈凸性正相关，S 随着 α_1 的增大而增加，并且上升速率加快；(2) 当 α_1 和 α_2 相对较小时，α_2 的变化对契约 S 几乎没有影响；(3) S 随着 α_1 的增大和 α_2 的减小而增加，并且会在某一点取得最大值；(4) α_1 和 α_2 同时增大时，S 呈缓慢增长趋势。

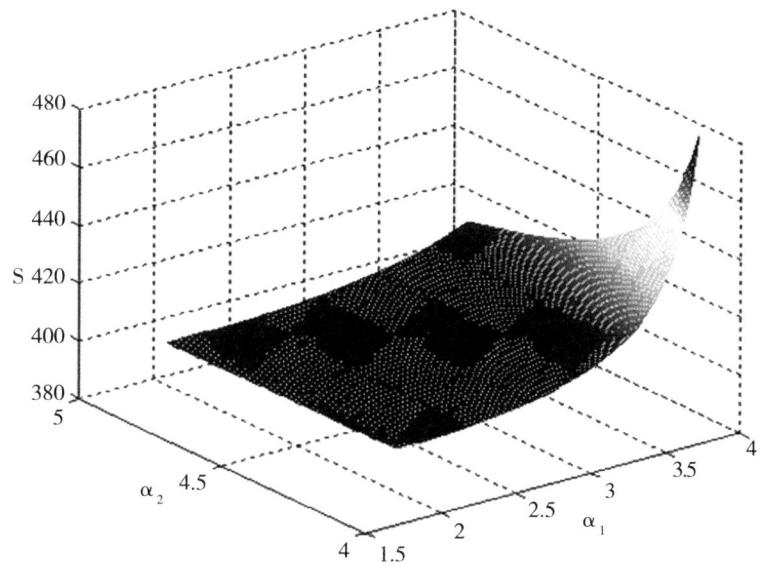

图 2.13 奖励系数 α_1、惩罚系数 α_2 与 S 的三维关系

2.3.4 小结

本节主要研究由拆解商和回收商构成的二级逆向供应链模型，基于回收努力程度等因素来设计成员间的奖惩契约，分别讨论了拆解商和回收商的分散式决策和集中式决策收益情况并求得最优解。在此基础上对模型作了数值分析，探讨随着奖励系数 α_1、惩罚系数 α_2 的变化，拆解商期望收益 $E\pi_M$、回收商期望收益 $E\pi_R$ 以及契约 S 的变化过程。主要结论简述如下。

(1) 在供应链分散决策下，拆解商利润随着奖励系数 α_1 的增加而下降。随着 α_1 增大，由于契约约束的存在，拆解商支付给回收商的费用增加，导致利润减少。

（2）回收商利润随着奖励系数的增加整体呈上升趋势，但在某一区间有小幅下降，之后又呈上升趋势。随着惩罚系数的增加，回收商利润呈整体波动趋势。

（3）无论惩罚系数 α_2 如何变化，契约 S 随奖励系数 α_1 的增大而增加，并且上升速率递增；当奖励系数 α_1 和惩罚系数 α_2 相对较小时，α_2 的变化对契约 S 几乎没有影响；随着奖励系数 α_1 增大，惩罚系数 α_2 越小，契约期望效益越高，并在某一点取得最大值；如果奖励系数 α_1 和惩罚系数 α_2 同时增大，契约期望收益缓慢增加。

第 3 章

不同信息状态下 WEEE 逆向供应链决策研究

基于第 2 章分析，WEEE 回收处理模式根据废旧产品处理主体的不同可分为制造商处理和拆解商处理。通过前期在浙江省内的实地调研发现，目前国内对 WEEE 的回收处理模式较为多样，回收商也已成为 WEEE 回收处理的主体之一。鉴于此，本章在前面分析的基础上，进一步分别探讨 WEEE 回收商处理（recycler process，RP）以及拆解商处理（dismantler and disposer process，DDP）模式下的逆向供应链决策问题。同时考虑不同信息状态（信息对称和不对称情况）下，逆向供应链成员合作与非合作状态下 WEEE 回收处理决策问题。

3.1 完全信息下的 WEEE 逆向供应链定价决策

实践中，采用 RP 模式的回收商多为具有专门资质及专业处理技术的大型回收处理企业，采用 DDP 模式的回收商多为小型回收站点及私人回收小贩。DDP 模式中的回收商由于普遍缺乏拆解处理的专业技能，故其更倾向于将回收获得的 WEEE 出售给专业且独立的拆解处理商，以供其对 WEEE 进行集中拆解处理（Cao et al.，2015）。由此，本节将分别针对 RP 模式及 DDP 模式下的 WEEE 逆向物流定价博弈模型进行探讨，以得到具有实际操作价值的结论。

3.1.1 回收商处理（RP）模式下的 WEEE 逆向供应链定价

3.1.1.1 模型描述

在正向供应链中，EEE 制造商将其生产的产品出售给消费者，以满足市场需求而获取收益；在逆向供应链中，回收商从消费者手中以一定价格回收 WEEE，并将其自行拆解处理后，将具有再利用价值的 WEEE 物料出售给制造商。而制造商一方面从回收商处购买 WEEE 物料并将其进行再制造，另一方面从原材料供应商处购买相较 WEEE 物料价格更高的原材料进行产品制造。具体流程及模型框架如图 3.1 所示。

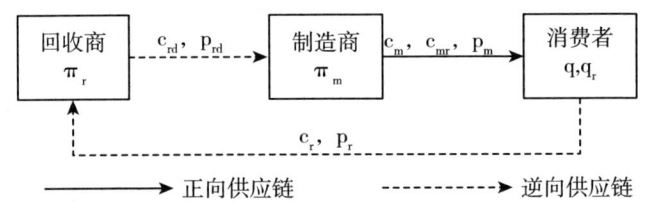

图 3.1 RP 模式下的模型框架

为简化研究，提出如下模型假设。

（1）WEEE 回收商与 EEE 制造商均为完全理性，根据使自身利益最大化原则进行决策。

（2）回收商与制造商均处于完全信息，即双方均知晓对方的所有客观条件及信息。

（3）回收商与制造商具有足够的技术水平对 WEEE 进行回收、处理、再加工、再制造，且再制造产品与产品同质，以相同的价格销售。

（4）回收商回收的 WEEE 能够被 EEE 制造商完全处理加工，即 WEEE 回收量与再利用量一致。同时，制造商所生产的产品产量与消费者的市场需求一致。

（5）回收商、制造商与消费者均为风险中性。

模型中涉及的相关定义参数及说明如下。

（1）回收商：回收商从消费者手中回收 WEEE 的单位价格为 p_r，其进行回收活动的边际运营成本为 c_r。回收商对回收来的 WEEE 进行拆解处理的边际成本为 c_{rd}，并将处理的 WEEE 材料以 p_{rd} 的单位价格出售给制造商。

（2）制造商：EEE 制造商以 p_{rd} 的单位价格从回收商处购买处理完毕的 WEEE，并以 c_{mr} 的边际再生产成本将其进行再制造以生成再制造产品。同时以 c_m 的边际生产成本对供应商提供的全新原材料进行加工制造以形成新产品。最后，制造商将再制造产品和新产品以相同的单位销售价格 p_m 出售给消费者。

（3）消费者：EEE 制造商生产的产品市场需求量为 q，$q = -ap_m + d$，其中 a 为价格敏感系数，且 a > 1，d 为市场最大的可能需求量。WEEE 的实际回收量 q_r 与 WEEE 单位回收价格 p_r 成正比，与 EEE 单位销售价格 p_m 成反比，且 $q_r = bp_r - p_m$，其中 b 为 p_r 的弹性系数，且 b > 1。因此，满足 $0 < q_r < q \leq d$。

（4）关于回收商与制造商的收益。

回收商的收益为：

$$\pi_r = (p_{rd} - p_r - c_r - c_{rd})q_r \tag{3-1}$$

结合 $q_r = bp_r - p_m$，可得：

$$\begin{aligned}\pi_r &= (p_{rd} - p_r - c_r - c_{rd})(bp_r - p_m) \\ &= bp_{rd}p_r - bp_r^2 - bc_rp_r - bc_{rd}p_r - p_m p_{rd} + p_r p_m + c_r p_r + c_{rd}p_m\end{aligned} \tag{3-2}$$

制造商的收益为：

$$\pi_m = (p_m - c_m)(q - q_r) + (p_m - p_{rd} - c_{mr}) = (p_m - c_m)q - (c_m - p_{rd} - c_{mr})q_r \tag{3-3}$$

结合 $q = -ap_m + d$ 与 $q_r = bp_r - p_m$，可得：

$$\pi_m = -ap_m^2 + ac_m p_m + dp_m - dc_m + bc_m p_r - bp_{rd}p_r - bc_{mr}p_r - c_m p_m + p_{rd}p_m + c_{mr}p_m \tag{3-4}$$

回收商与制造商的总收益为：

$$\pi_t = \pi_r + \pi_m = (c_m - p_r - c_r - c_{rd} - c_{mr})q_r + (p_m - c_m)q \tag{3-5}$$

其中，为保持上述问题有意义，则参数变量须满足：

$$0 < p_r < p_r + c_r + c_{rd} \leq p_{rd} < p_{rd} + c_{mr} \leq c_m \leq p_m \tag{3-6}$$

3.1.1.2 合作状态下的 RP 模式

当 WEEE 回收商与 EEE 制造商处于合作状态时,两者以共同利益最大化为目标进行定价。此时,两者的最大化利益问题为:

$$\max_{p_r, p_{rd}, p_m} \pi_t = \pi_r + \pi_m = (c_m - p_r - c_r - c_{rd} - c_{mr})q_r + (p_m - c_m)q \quad (3-7)$$
$$s.t. \ 0 < p_r < p_r + c_{rd} \leq p_{rd} < p_{rd} + c_{mr} \leq c_m \leq p_m$$

其中 $q = -ap_m + d$,$q_r = bp_r - p_m$。

由于 $\frac{\partial^2 \pi_t}{\partial p_r^2} < 0$,$\frac{\partial^2 \pi_t}{\partial p_{rd}^2} < 0$,$\frac{\partial^2 \pi_t}{\partial p_m^2} < 0$,则联立 $\frac{\partial \pi_t}{\partial p_r} = 0$,$\frac{\partial \pi_t}{\partial p_{rd}} = 0$,$\frac{\partial \pi_t}{\partial p_m} = 0$,求解可得:

$$\begin{cases} p_r^* = \dfrac{(1-2ab)(c_r + c_{rd} + c_{mr}) + (2ab + a - 1)c_m + d}{4ab - 1} \\ p_{rd}^* \in [p_r + c_r + c_{rd}, p_m) \\ p_m^* = \dfrac{b[(2a-1)c_m + c_r + c_{rd} + c_{mr} + 2d]}{4ab - 1} \end{cases} \quad (3-8)$$

此时:

$$\begin{cases} \pi_r^* = (p_{rd}^* - p_r^* - c_r - c_{rd})(bp_r^* - p_m^*) \\ \pi_m^* = (p_m^* - c_m)(-ap_m^* + d) + (c_m - p_{rd}^* - c_{mr})(bp_r^* - p_m^*) \\ \pi_t^* = (p_m^* - c_m)(-ap_m^* + d) + (c_m - p_r^* - c_{mr} - c_r - c_{rd})(bp_r^* - p_m^*) \end{cases} \quad (3-9)$$

结论 3.1:在合作状态下的 RP 模式中,回收商将处理后的 WEEE 出售给 EEE 制造商的价格 p_{rd}^* 并不固定,为 RP 模式中逆向供应链体系的内部变量。当 $p_{rd}^* = p_r + c_r + c_{rd}$ 时,π_r^* 最小值为 0,π_m^* 达到最大值 $(p_m^* - c_m)$ $(-ap_m^* + d) + (c_m - p_r - c_r - c_{rd} - c_{mr})(bp_r^* - p_m^*)$,即此时回收商无利可图,制造商获取了此时逆向供应链系统中的全部收益。当 $p_{rd}^* = p_m^*$ 时,π_r^* 达到最大值 $(p_m^* - p_r^* - c_r - c_{rd})(bp_r^* - p_m^*)$,$\pi_m^*$ 达到最小值 $(p_m^* - c_m)$ $(-ap_m^* + d) + (c_m - p_m^* - c_{mr})(bp_r^* - p_m^*)$。因此,回收商与制造商双方未

达到自身收益最大化,将有提高和压低 p_{rd}^* 的截然相反的行动。由此,对两者的利益分配进行重新调整便显得十分必要。

结论 3.2:回收商与制造商在合作状态下,为使总收益 π_t^* 最大化,将促进 EEE 产品单价 p_m^* 的降低,从而有益于增强其在 EEE 产品市场的竞争力,以获得更多的市场份额来提高制造商自身产品的销量 q。而更大的销量更有益于 WEEE 回收数量 q_r 的提高,由此,合作状态下的回收商与制造商的总收益 π^t 也将上升,RP 模式下的闭环供应链将步入良性循环。

3.1.1.3 非合作状态下的 RP 模式

在非合作状态下,按照回收商与制造商决策顺序的不同,分别有两种不同的博弈,即回收商为主、制造商为从的 Stackelberg 博弈以及两者同时决策的静态博弈。

当 WEEE 回收商与 EEE 制造商处于非合作状态的 Stackelberg 博弈中时,回收商首先决定 WEEE 单位回收价格 p_r 和处理后的 WEEE 单价 p_{rd},制造商根据回收商的行为决定 EEE 产品单位售价 p_m。在 RP 模式下的 Stackelberg 博弈中,采用逆向归纳法,可进行如下求解:

将 $q = -ap_m + d$ 及 $q_r = bp_r - p_m$ 代入式(3-3),由 $\frac{\partial \pi_m}{\partial p_m} = 0$ 得:

$$p_m = \frac{(a-1)c_m + d + p_{rd} + c_{mr}}{2a} \quad (3-10)$$

将式(3-10)代入式(3-2),得:

$$\pi_r = \frac{[2abp_r - (a-1)c_m - d - p_{rd} - c_{mr}](p_{rd} - p_r - c_r - c_{rd})}{2a} \quad (3-11)$$

联立 $\frac{\partial \pi_r}{\partial p_r} = 0$ 和 $\frac{\partial \pi_r}{\partial p_{rd}} = 0$ 求解,又由于 $\frac{\partial^2 \pi_r}{\partial p_r^2} < 0$,$\frac{\partial^2 \pi_r}{\partial p_{rd}^2} < 0$,得到:

$$\begin{cases} p_r' = \dfrac{c_r + c_{rd} + (a-1)c_m + d + c_{mr}}{2ab - 1} \\ p_{rd}' = \dfrac{2ab(c_r + c_{rd}) + (a-1)c_m + d + c_{mr}}{2ab - 1} \end{cases} \quad (3-12)$$

将式（3-12）代入式（3-10），得：

$$p'_m = \frac{b[(a-1)c_m + c_r + c_{rd} + d + c_{mr}]}{2ab - 1} \quad (3-13)$$

此时满足 $\frac{\partial^2 \pi_m}{\partial p_m^2} < 0$。将式（3-12）、式（3-13）代入式（3-2）得，$\pi_r = 0$。

结论 3.3：在非合作状态下的 RP 模式 Stackelberg 博弈中，回收商的均衡收益为 0，回收商将因在此运作中无利可图而放弃 WEEE 的回收、处理及出售的活动。所以在非合作状态下的 RP 模式 Stackelberg 博弈在现实中缺乏可操作性。

当回收商与制造商在 WEEE 定价过程中具有平等关系的静态博弈下，双方均以自身利益最大化为目的，在各自约束条件内同时决策。

此时，WEEE 回收商的最大化利益问题为：

$$\max_{p_r, p_{rd}} \pi_r = (p_{rd} - p_r - c_r - c_{rd})(bp_r - p_m) \quad (3-14)$$
$$s.t.\ 0 < p_r < p_r + c_{rd} \leq p_{rd} < p_{rd} + c_{mr} \leq c_m \leq p_m$$

EEE 制造商的最大化利益问题为：

$$\max_{p_m} \pi_m = (p_m - c_m)(-ap_m + d) + (c_m - p_{rd} - c_{mr})(bp_r - p_m) \quad (3-15)$$
$$s.t.\ 0 < p_r < p_r + c_{rd} \leq p_{rd} < p_{rd} + c_{mr} \leq c_m \leq p_m$$

由于 $\frac{\partial^2 \pi_r}{\partial p_{rd}^2} < 0$，$\frac{\partial^2 \pi_r}{\partial p_r^2} < 0$，$\frac{\partial^2 \pi_m}{\partial p_m^2} < 0$，联立求解 $\frac{\partial \pi_r}{\partial p_{rd}} = 0$，$\frac{\partial \pi_r}{\partial p_r} = 0$，$\frac{\partial \pi_m}{\partial p_m} = 0$，可得：

$$\begin{cases} p'_r = \dfrac{c_r + c_{rd} + (a-1)c_m + d + c_{mr}}{2ab - 1} \\ p'_{rd} = \dfrac{2ab(c_r + c_{rd}) + (a-1)c_m + d + c_{mr}}{2ab - 1} \\ p'_m = \dfrac{b[c_r + c_{rd} + (a-1)c_m + d + c_{mr}]}{2ab - 1} \end{cases} \quad (3-16)$$

将式（3-16）代入式（3-2）得：$\pi_r = 0$。

结论 3.4：结合结论 3.3 可知，在非合作状态下的 RP 模式中，无论是 Stackelberg 博弈还是静态博弈，回收商的均衡收益均为 0，回收商将由于在此运作中无利可图而放弃 WEEE 的回收、处理及出售等的经营活动。因此，理智的回收商在 RP 模式中会选择与制造商合作。

3.1.2 拆解商处理（DDP）模式下的 WEEE 逆向供应链定价

3.1.2.1 模型描述

在 DDP 模型中，回收商以一定价格从消费者手中回收 WEEE，并将其出售给拆解商，以供其对 WEEE 进行集中拆解处理。拆解商从回收商处购得的 WEEE 进行拆解处理后，将具有再利用价值的 WEEE 物料出售给制造商。而制造商为生产产品，一方面从拆解商处购买处理后的 WEEE 物料并将其进行再处理与再加工，进而形成再制造产品，将其投放市场；另一方面，从其他原料供应商处购买比 WEEE 物料价格更高的全新原材料进行加工处理。模型框架如图 3.2 所示。

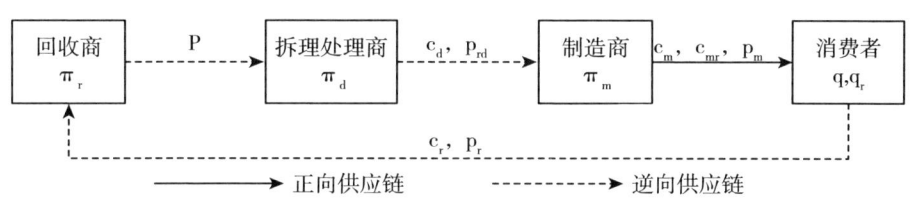

图 3.2　DDP 模式下的模型框架

为简化研究，提出如下模型假设。

（1）WEEE 回收商、拆解商及 EEE 制造商均为完全理性，根据自身利益最大化原则进行决策。

（2）回收商、拆解商及制造商均处于完全信息，即各方均知晓其他参与方的所有客观条件及信息。

（3）回收商、拆解商及制造商均具有足够的技术水平对 WEEE 分别实施回收、处理和再制造等工序，且再制造产品与产品同质，以相同的价格销售。

（4）回收商回收的 WEEE 能够被 EEE 制造商完全处理加工，即

WEEE 回收量与再利用量一致。同时,制造商所生产的产品产量与消费者的市场需求一致。

(5) 回收商、拆解商、制造商及消费者均为风险中性。

模型中涉及的变量及参数说明如下。

(1) 回收商:回收商从消费者手中回收 WEEE 的单位价格为 p_r,其进行回收活动的边际运营成本为 c_r。回收商将回收的 WEEE 以 p 的单位价格出售给拆解商进行处理。

(2) 拆解商:拆解商以 p 的单位价格从回收商处收购买回收的 WEEE,并以 c_d 的边际处理成本将其实施拆解、处理及分类等工序。随后,拆解将处理完毕的 WEEE 物料以 p_d 的单位价格出售给 EEE 制造商。

(3) 制造商:EEE 制造商以 p_d 的单位价格从拆解商处购买处理后的 WEEE 物料,并以 c_{mr} 的边际再生产成本将其进行再制造加工,以生成再制造产品。同时以 c_m 的边际生产成本将从原材料供应商处购入的全新原材料加工制造成为新产品。最后,EEE 制造商将再制造产品和新产品以相同的单位价格 p_m 出售给消费者。

(4) 消费者:EEE 制造商生产的产品市场需求量为 q,$q = -ap_m + d$,其中 a 为价格敏感系数,且 $a > 1$,d 为市场最大的可能需求量。WEEE 的实际回收量 q_r 与 WEEE 单位回收价格 p_r 成正比,与 EEE 单位销售价格 p_m 成反比,且 $q_r = bp_r - p_m$,其中 b 为 p_r 的弹性系数,且 $b > 1$。因此,满足 $0 < q_r < q \leq d$。

(5) 回收商、拆解商及制造商的收益。

回收商的收益为:

$$\pi_r = (p - p_r - c_r)q_r \quad (3-17)$$

结合 $q_r = bp_r - p_m$,可得:

$$\pi_r = (p - p_r - c_r)(bp_r - p_m) = bp_r p - bp_r^2 - bp_r c_r - pp_m + p_r p_m + c_r p_m \quad (3-18)$$

拆解处理商的收益为:

$$\pi_d = (p_d - p - c_d)q_r \quad (3-19)$$

结合 $q_r = bp_r - p_m$，可得：

$$\pi_d = (p_d - p - c_d)(bp_r - p_m) = bp_r p_d - bpp_r - bp_r c_d - p_d p_m + pp_m + c_d p_m \tag{3-20}$$

制造商的收益为：

$$\pi_m = (p_m - c_m)q + (c_m - p_d - c_{mr})q_r \tag{3-21}$$

结合 $q = -ap_m + d$ 与 $q_r = bp_r - p_m$，可得：

$$\pi_m = -ap_m^2 + ac_m p_m + dp_m - dc_m + bc_m p_r - bp_d p_r - bc_{mr} p_r - c_m p_m + p_d p_m + c_{mr} p_m \tag{3-22}$$

回收商、拆解商及制造商的总收益为：

$$\pi_t = \pi_r + \pi_d + \pi_m = (c_m - p_r - c_r - c_d - c_{mr})q_r + (p_m - c_m)q \tag{3-23}$$

其中，为保持上述问题有意义，则参数变量需满足：

$$0 < p_r < p_r + c_r \leq p < p + c_d \leq p_d < p_d + c_{mr} \leq c_m \leq p_m \tag{3-24}$$

3.1.2.2 合作状态下的 DDP 模式

在 WEEE 回收商、拆解商及 EEE 制造商处于合作状态时，三者以供应链总体利润最大化为目标进行定价。此时，利润最大化问题可表示为：

$$\max_{p_r, p, p_d, p_m} \pi_t = \pi_r + \pi_d + \pi_m = (c_m - p_r - c_r - c_d - c_{mr})q_r + (p_m - c_m)q \tag{3-25}$$

$$\text{s.t. } 0 < p_r < p_r + c_r \leq p < p + c_d \leq p_d < p_d + c_{mr} \leq c_m \leq p_m$$

由于 $\dfrac{\partial^2 \pi_t}{\partial p_r^2} < 0$，$\dfrac{\partial^2 \pi_t}{\partial p^2} < 0$，$\dfrac{\partial^2 \pi_t}{\partial p_d^2} < 0$，$\dfrac{\partial^2 \pi_t}{\partial p_m^2} < 0$，则令 $\dfrac{\partial \pi_t}{\partial p_r} = 0$，$\dfrac{\partial \pi_t}{\partial p} = 0$，$\dfrac{\partial \pi_t}{\partial p_d} = 0$，$\dfrac{\partial \pi_t}{\partial p_m} = 0$，可得：

$$\begin{cases} p_r^* = \dfrac{(2ab-1)(c_m - c_r - c_d - c_{mr}) + ac_m + d}{4ab - 1} \\ p^* \in [p_r + c_r, p_d) \\ p_d^* \in [p + c_d, p_m) \\ p_m^* = \dfrac{b[(2a-1)c_m + c_r + c_d + c_{mr} + 2d]}{4ab - 1} \end{cases} \tag{3-26}$$

此时：

$$\begin{cases} \pi_r^* = (p^* - p_r^* - c_r)(bp_r^* - p_m^*) \\ \pi_d^* = (p_d^* - p^* - c_d)(bp_r^* - p_m^*) \\ \pi_m^* = (p_m^* - c_m)(-ap_m^* + d) + (c_m - p_d^* - c_{mr})(bp_r^* - p_m^*) \\ \pi_t^* = (p_m^* - c_m)(-ap_m^* + d) + (c_m - p_r^* - c_{mr} - c_r - c_d)(bp_r^* - p_m^*) \end{cases}$$

(3-27)

其中 p_r^*、p^*、p_d^* 及 p_m^* 符合式（3-26）。

结论 3.5：在合作状态下的 DDP 模式中，回收商将回收的 WEEE 出售给拆解商的价格 p^* 及拆解商出售的处理后的 WEEE 单价 p_d^* 并不固定，为逆向供应链系统的内部变量。即 p^* 可以取 $[p_r + c_r, p_d)$ 内的任意值，p_d^* 可以取 $[p_r + c_d, p_m)$ 内的任意值，而不会影响到整个逆向物流体系的总收益 π_t^*。

结论 3.6：p^* 与 p_d^* 的取值会影响回收商、拆解商及制造商的利润分配。回收商利润与 p^* 呈正相关关系，拆解商利润与 p_d^* 呈正相关关系，而制造商的利润与 p_d^* 负相关。即 p^* 越高，p_d^* 越高，回收商与拆解商的利润越大，而制造商的利润越低。

结论 3.7：在合作状态下的 DDP 模式中，为使供应链总利润 π_t^* 最大化，制造商也将促进 EEE 产品单价 p_m^* 的降低以提升自身产品在市场上的销量 q，从而有益于 WEEE 回收量 q_r 的增加，进而有益于提升供应链总利润。

3.1.2.3 非合作状态下的 DDP 模式

在非合作状态下，回收商、拆解商及制造商均为独立的决策者，且追求自身利润最大化。按照合作及非合作状态、Stackelberg 博弈及静态博弈来区分，三者间的博弈关系有表 3.1 所示的九种组合。

表 3.1　　　　回收商、拆解商及制造商博弈关系组合

组合编号	参与方	关系	参与方	关系	参与方
1 号	回收商	合作	拆解商	合作	制造商
2 号		合作		静态博弈	
3 号		合作		Stackelberg 博弈	

续表

组合编号	参与方	关系	参与方	关系	参与方
4号	回收商	Stackelberg 博弈	拆解商	合作	制造商
5号		Stackelberg 博弈		静态博弈	
6号		Stackelberg 博弈		Stackelberg 博弈	
7号		静态博弈		合作	
8号		静态博弈		静态博弈	
9号		静态博弈		Stackelberg 博弈	

表 3.1 中的 1 号组合，即回收商、拆解商及制造商均处于合作关系，已在 3.1.2 小节中进行了求解分析。而由 3.1.1 小节的分析可知，在非合作状态下的 RP 模式中，无论是 Stackelberg 博弈还是静态博弈，回收商将由于在博弈中无利可图而退出供应链，致使整个供应链断裂。因此，理智的回收商在 RP 模式中会选择与制造商合作。而在 DDP 模式中，当回收商与拆解商合作时，两者可看作一个既负责从消费者处回收 WEEE，又负责整合、处理、分类 WEEE 物料并出售给制造商的"大回收商"。而 2 号组合相当于"大回收商"与制造商进行静态博弈，3 号组合相当于"大回收商"与制造商进行 Stackelberg 博弈，因此可去除 2 号、3 号组合。由此，接下来的分析主要针对 4 号至 9 号组合的情况。

（1）4 号组合：回收商与拆解商进行 Stackelberg 博弈，拆解商与制造商合作。

在该组合情况下，回收商与拆解商之间进行以拆解商为领导者，回收商为跟从者的 Stackelberg 博弈，回收商根据拆解商对 p 与 p_d 的决策行为决定 p_r。同时拆解商与制造商之间为合作关系，以双方总利润最大化为目标。为了得到 Stackelberg 均衡，须首先按逆向归纳法的顺序对二阶段反应函数进行求解。具体求解过程如下：

WEEE 回收商的最大化利益问题为：

$$\max_{p_r} \pi_r = (p - p_r - c_r)(bp_r - p_m)$$

$$\text{s. t. } 0 < p_r < p_r + c_r \leqslant p < p + c_d \leqslant p_d < p_d + c_{mr} \leqslant c_m \leqslant p_m \tag{3-28}$$

WEEE 拆解商与制造商的共同利益最大化问题为：

$$\max_{p,p_d,p_m} \pi_{dm} = \pi_d + \pi_m = (p_m - c_m)(-ap_m + d) + (c_m - p - c_d - c_{mr})(bp_r - p_m)$$

s.t. $0 < p_r < p_r + c_r \leqslant p < p + c_d \leqslant p_d < p_d + c_{mr} \leqslant c_m \leqslant p_m$

(3-29)

由 $\dfrac{\partial \pi_r}{\partial p_r} = 0$，得：

$$p_r = \dfrac{p_m + bp - bc_r}{2b} \tag{3-30}$$

将式（3-30）代入式（3-29），得：

$$\max_{p,p_d,p_m} \pi_{dm} = \pi_d + \pi_m = (p_m - c_m)(-ap_m + d) + \dfrac{1}{2}(c_m - p - c_d - c_{mr})(bp - p_m - bc_r)$$

s.t. $0 < p_r < p_r + c_r \leqslant p < p + c_d \leqslant p_d < p_d + c_{mr} \leqslant c_m \leqslant p_m$

(3-31)

由 $\dfrac{\partial^2 \pi_{dm}}{\partial p^2} < 0$，$\dfrac{\partial^2 \pi_{dm}}{\partial p_d^2} < 0$，$\dfrac{\partial^2 \pi_{dm}}{\partial p_m^2} < 0$，联立求解 $\dfrac{\partial \pi_{dm}}{\partial p} = 0$，$\dfrac{\partial \pi_{dm}}{\partial p_d} = 0$，$\dfrac{\partial \pi_{dm}}{\partial p_m} = 0$，可得：

$$\begin{cases} p' = \dfrac{(a + 2ab - 1)c_m - (2ab - 1)(c_d + c_{mr}) + 2abc_r + d}{4ab - 1} \\ p'_d \in [p + c_d, c_m) \\ p'_m = \dfrac{(2ab - b)c_m + bc_r + bc_d + bc_{mr} + 2bd}{4ab - 1} \end{cases} \tag{3-32}$$

将式（3-32）代入式（3-30），得：

$$p'_r = \dfrac{(3a + 2ab - 2)c_m - 2(ab - 1)(c_r + c_d + c_{mr}) + 3d}{2(4ab - 1)} \tag{3-33}$$

此时，满足 $\dfrac{\partial^2 \pi_r}{\partial p_r^2} < 0$，且有：

$$\begin{cases} \pi'_r = (p' - p'_r - c_r)(bp'_r - p'_m) \\ \pi'_d = (p'_d - p' - c_d)(bp'_r - p'_m) \\ \pi'_m = (p'_m - c_m)(-ap'_m + d) + (c_m - p'_d - c_{mr})(bp'_r - p'_m) \\ \pi'_t = (p'_m - c_m)(-ap'_m + d) + (c_m - p'_r - c_{mr} - c_r - c_d)(bp'_r - p'_m) \end{cases}$$

(3-34)

其中 p'_r 符合式（3-33），p'、p'_d 及 p'_m 符合式（3-32）。

结论 3.8：在 4 号组合所代表的情况下，拆解商出售处理后的 WEEE 单价 p'_d 的取值并不固定，可以取 $[p_r + c_d, c_m)$ 内的任意值，即 p'_d 为 RP 模式中逆向供应链系统内部变量。而 WEEE 拆解处理商与 EEE 产品制造商的收益与 p'_d 有关：拆解处理商的收益 π'_d 随着 p'_d 的增加而增加，两者呈正相关关系；制造商的收益 π'_m 随着 p'_d 的增加而减少，两者呈负相关关系。

（2）5 号组合：回收商与拆解商进行 Stackelberg 博弈，拆解商与制造商进行静态博弈。

在该组合情况下，回收商与拆解商之间进行以拆解商为领导者，回收商为跟从者的 Stackelberg 博弈，回收商根据拆解商对 p 与 p_d 的决策行为决定 p_r。拆解商与制造商之间为静态博弈关系，两方同时做出行动策略，均追求自身利益最大化。具体求解过程如下。

WEEE 回收商的最大化利益问题为：

$$\max_{p_r} \pi_r = (p - p_r - c_r)(bp_r - p_m) \tag{3-35}$$

$$\text{s.t. } 0 < p_r < p_r + c_r \leqslant p < p + c_d \leqslant p_d < p_d + c_{mr} \leqslant c_m \leqslant p_m$$

WEEE 拆解商的最大化利益问题为：

$$\max_{p, p_d} \pi_d = (p_d - p - c_d)(bp_r - p_m) \tag{3-36}$$

$$\text{s.t. } 0 < p_r < p_r + c_r \leqslant p < p + c_d \leqslant p_d < p_d + c_{mr} \leqslant c_m \leqslant p_m$$

EEE 制造商的最大化利益问题为：

$$\max_{p_m} \pi_m = (p_m - c_m)(-ap_m + d) + (c_m - p_d - c_{mr})(bp_r - p_m) \tag{3-37}$$

$$\text{s.t. } 0 < p_r < p_r + c_r \leqslant p < p + c_d \leqslant p_d < p_d + c_{mr} \leqslant c_m \leqslant p_m$$

由 $\dfrac{\partial \pi_r}{\partial p_r} = 0$，得：

$$p_r = \frac{p_m + bp - bc_r}{2b} \tag{3-38}$$

将式（3-38）代入式（3-36），得：

$$\max_{p,p_d} \pi_d = (p_d - p - c_d)\left(-\frac{1}{2}p_m + \frac{1}{2}bp - \frac{1}{2}bc_r\right) \quad (3-39)$$

$$\text{s. t. } 0 < p_r < p_r + c_r \leqslant p < p + c_d \leqslant p_d < p_d + c_{mr} \leqslant c_m \leqslant p_m$$

由于 $\frac{\partial^2 \pi_d}{\partial p^2} < 0, \frac{\partial^2 \pi_d}{\partial p_d^2} < 0$，则联立求解 $\frac{\partial \pi_d}{\partial p} = 0, \frac{\partial \pi_d}{\partial p_d} = 0$，可得：

$$p_d = p + c_d \quad (3-40)$$

此时满足 $\frac{\partial^2 \pi_r}{\partial p_r^2} < 0$，将式（3-40）代入式（3-36），得：$\pi_d = 0$。

结论 3.9：在 5 号组合所代表的情况下，WEEE 拆解商的均衡收益为 0，拆解商将因无利可图而放弃 WEEE 的处理及出售的活动，从而导致整个供应链的断裂。因此，该种情形在现实中缺乏可操作性。

（3）6 号组合：拆解商与回收商及制造商分别进行 Stackelberg 博弈。

在该组合情况下，回收商与拆解商之间进行以拆解商为领导者，回收商为跟从者的 Stackelberg 博弈，回收商根据拆解商对 p 与 p_d 的决策行为决定 p_r。拆解商与制造商之间进行以拆解商为领导者，制造商为跟从者的 Stackelberg 博弈，制造商根据拆解商对 p 与 p_d 的决策行为决定 p_m。具体求解过程如下。

WEEE 回收商、拆解商及 EEE 制造商的最大化利益问题分别与式（3-35）、式（3-36）及式（3-37）相同。

由 $\frac{\partial \pi_r}{\partial p_r} = 0$，得：

$$p_r = \frac{p_m + bp - bc_r}{2b} \quad (3-41)$$

由 $\frac{\partial \pi_m}{\partial p_m} = 0$，得：

$$p_m = \frac{(a-1)c_m + d + p_d + c_{mr}}{2a} \quad (3-42)$$

将式（3-41）与式（3-42）代入式（3-36），得：

第3章 不同信息状态下 WEEE 逆向供应链决策研究

$$\max_{p, p_d} \pi_d = \frac{(p_d - p - c_d)[abp - p_d - abc_r - (a-1)c_m - c_{mr} - d]}{4a}$$

$$s.t. \ 0 < p_r < p_r + c_r \leqslant p < p + c_d \leqslant p_d < p_d + c_{mr} \leqslant c_m \leqslant p_m$$

(3-43)

由于 $\dfrac{\partial^2 \pi_d}{\partial p^2} < 0$，$\dfrac{\partial^2 \pi_d}{\partial p_d^2} < 0$，令 $\dfrac{\partial \pi_d}{\partial p} = 0$，$\dfrac{\partial \pi_d}{\partial p_d} = 0$，得到：

$$p_d = p + c_d \tag{3-44}$$

将式（3-44）代入式（3-36），得：$\pi_d = 0$。

结论 3.10：在 6 号组合所代表的情况下，WEEE 拆解商的均衡收益为 0，拆解商将因无利可图而放弃 WEEE 的处理及出售的活动，从而导致整个供应链的断裂。因此，该种情形在现实中缺乏可操作性。

（4）7 号组合：回收商与拆解商进行静态博弈，拆解商与制造商进行合作。

在该组合情况下，回收商与拆解商之间为静态博弈关系，两方同时做出行动策略，均以自身利益最大化为目的。拆解商与制造商之间为合作关系，以两方总利润最大化为目的。具体求解过程如下。

WEEE 回收商的最大化利益问题、拆解商与制造商的共同利益最大化问题分别与式（3-28）及式（3-29）相同。

根据 $\dfrac{\partial^2 \pi_{dm}}{\partial p^2} < 0$，$\dfrac{\partial^2 \pi_{dm}}{\partial p_d^2} < 0$，联立求解 $\dfrac{\partial \pi_{dm}}{\partial p} = 0$ 和 $\dfrac{\partial \pi_{dm}}{\partial p_d} = 0$ 得到：

$$p_m = bp_r \tag{3-45}$$

将式（3-45）代入式（3-28），得：$\pi_r = 0$。

结论 3.11：在 7 号组合所代表的情况下，WEEE 回收商的均衡收益为 0，回收商将因无利可图而放弃 WEEE 的回收活动，从而导致整个供应链的断裂。因此，该种情形在现实中缺乏可操作性。

（5）8 号组合：拆解商与回收商及制造商分别进行静态博弈。

在该组合情况下，回收商与拆解商之间、拆解商与制造商之间均为静态博弈关系。静态博弈的两方同时做出行动策略，均以自身利益最大化为目的。具体求解过程如下。

WEEE 回收商、拆解商及 EEE 制造商的最大化利益问题分别与式（3-35）、式（3-36）及式（3-37）相同。

根据 $\frac{\partial^2 \pi_{dm}}{\partial p^2} < 0$，$\frac{\partial^2 \pi_{dm}}{\partial p_d^2} < 0$，由 $\frac{\partial \pi_{dm}}{\partial p} = 0$，$\frac{\partial \pi_{dm}}{\partial p_d} = 0$ 联立求解得到：

$$p_m = bp_r \tag{3-46}$$

将式（3-46）代入式（3-35）及式（3-36），得：$\pi_r = 0$，$\pi_d = 0$。

结论 3.12：在 8 号组合所代表的情况下，WEEE 回收商、拆解商的均衡收益均为 0，双方均因在此博弈中无利可图而放弃 WEEE 的回收处理等活动，从而导致整个供应链断裂。因此，该种情形在现实中缺乏可操作性。

（6）9 号组合：回收商与拆解商进行静态博弈，拆解商与制造商进行 Stackelberg 博弈。

在该组合情况下，回收商与拆解商之间为静态博弈关系，两方同时决策；而拆解商与制造商之间进行以拆解商为领导者，制造商为跟从者的 Stackelberg 博弈，制造商根据拆解商对 p 与 p_d 的决策行为决定 p_m。具体求解过程如下。

WEEE 回收商、拆解商及 EEE 制造商的最大化利益问题分别与式（3-35）、式（3-36）及式（3-37）相同。

由 $\frac{\partial \pi_m}{\partial p_m} = 0$，得：

$$p_m = \frac{(a-1)c_m + d + p_d + c_{mr}}{2a} \tag{3-47}$$

将式（3-47）分别代入式（3-35）与式（3-36），得：

$$\max_{p_r} \pi_r = \frac{(p - p_r - c_r)[2abp_r - (a-1)c_m - d - p_d - c_{mr}]}{2a} \tag{3-48}$$

s.t. $0 < p_r < p_r + c_r \leq p < p + c_d \leq p_d < p_d + c_{mr} \leq c_m \leq p_m$

$$\max_{p, p_d} \pi_d = \frac{(p_d - p - c_d)[2abp_r - (a-1)c_m - d - p_d - c_{mr}]}{2a} \tag{3-49}$$

s.t. $0 < p_r < p_r + c_r \leq p < p + c_d \leq p_d < p_d + c_{mr} \leq c_m \leq p_m$

由于 $\frac{\partial^2 \pi_d}{\partial p^2} < 0$，$\frac{\partial^2 \pi_d}{\partial p_d^2} < 0$，则联立求解 $\frac{\partial \pi_d}{\partial p} = 0$，$\frac{\partial \pi_d}{\partial p_d} = 0$，可得：

$$p_m = bp_r \tag{3-50}$$

此时满足 $\dfrac{\partial^2 \pi_m}{\partial p_m^2} < 0$，将式（3-50）代入式（3-35）及式（3-36），得：$\pi_r = 0$，$\pi_d = 0$。

结论 3.13：在 9 号组合所代表的情况下，WEEE 回收商、拆解商的均衡收益均为 0 将因在此博弈中无利可图而放弃 WEEE 的回收处理等活动，导致整个供应链将断裂。因此，该种情形在现实中缺乏可操作性。

结论 3.14：结合结论 3.8 至结论 3.12 可得，在非合作状态下的 DDP 模式中，为保证供应链持续运行，理智的回收商、拆解商及制造商会选择 4 号组合所代表的博弈关系组合。即回收商与拆解商之间为 Stackelberg 博弈关系，而拆解商与制造商之间为合作关系。

结论 3.15：在以拆解商为主导的 DDP 模式中，当拆解商与回收商处于合作或静态博弈关系时，只要拆解商与制造商呈博弈关系，即无论是静态博弈或是 Stackelberg 博弈，回收商都将由于自身均衡收益为 0 而退出该逆向供应链体系，致使整个供应链断裂。同时，当拆解商与回收商处于静态博弈或 Stackelberg 博弈关系时，除非拆解商与制造商在拆解商与回收商处于静态博弈关系的同时呈合作关系，否则无论拆解商与制造商关系如何，拆解商均将由于自身均衡收益为 0 而退出该逆向供应链系统，导致整个供应链断裂。

3.1.2.4 合作状态及非合作状态下的 DDP 模式比较及定价策略建议

对 DDP 模式中回收商、拆解商及制造商之间的合作及非合作状态下的定价及收益分配问题进行分析。具体比较结果如表 3.2 所示。

表 3.2　DDP 模式的合作及非合作状态下的参数比较

变量	合作结果	比较（浮动值除外）	非合作结果
从消费者处回收 WEEE 价格	p_r^*	>	p_r'
回收商出售 WEEE 价格	p^*	>	p'
拆解商出售 WEEE 价格	p_d^*	/	p_d'

续表

变量	合作结果	比较（浮动值除外）	非合作结果
制造商出售产品价格	p_m^*	=	p_m'
回收商利润	π_r^*	>	π_r'
拆解商利润	π_d^*	/	π_d'
制造商利润	π_m^*	>	π_m'
供应链总利润	π_t^*	>	π_t'

在 DDP 模式下，WEEE 回收商与 EEE 产品制造商两方在合作状态下的均衡收益相对于非合作状态下均具有竞争优势，故回收商与制造商在该模式下将更倾向于选择促成三方合作。为实现回收商、拆解商及制造商的三方合作，需要使拆解商在合作状态下的收益高于非合作状态下的收益，即需要满足以下条件：

$$\Delta\pi_d = \pi_d^* - \pi_d' = \frac{b(p_d^* - p_d' + p^* - p')[a(2b-1)c_m - 2ab(c_r + c_d + c_{mr}) - d]}{2(4ab-1)} > 0$$

(3-51)

即：

$$(p_d^* - p_d' + p^* - p')[a(2b-1)c_m - 2ab(c_r + c_d + c_{mr}) - d] > 0$$

(3-52)

因此，为实现三方合作以达到各成员的利润最大化，回收商、拆解商将尽可能地降低其边际运营成本，而制造商也将降低其利用 WEEE 物料生产再制造产品的单位成本。同时，各类成本的降低，有利于供应链总体利润的增加，有利于回收商、拆解商及制造商三方合作的开展。

此外，回收商与制造商可通过与拆解商签订收益共享契约，使拆解商同意进行三方合作。假设三方约定以 p_r^* 的价格从消费者处回收 WEEE，以 p_m^* 的价格出售 EEE 产品，并签订共享 WEEE 逆向供应链额外收益的契约。假设回收商接受系统增益的比例为 $i(0 \leq i \leq 1)$，制造商接受的系统增益的比例为 $j(0 \leq j \leq 1)$，则拆解商接受的系统增益的比例为 $1-i-j$，即 i、j 及 $1-i-j$ 分别表示三方的讨价还价能力的量化值。令三方共享的 DDP 模式与 RP 模式相较的系统增益为 $\Delta\pi_t = \pi_t^* - \pi_t'$。此时，三方的收益分别为：

$$\begin{cases} \pi_r^*(i,j) = \pi_r^* + i\Delta\pi_t \\ \pi_m^*(i,j) = \pi_m^* + j\Delta\pi_t \\ \pi_d^*(i,j) = \pi_d^* + (1-i-j)\Delta\pi_t \end{cases} \quad (3-53)$$

由此可见，三方收益相对于非合作状态下均具有竞争优势，因此三方都会接受该种策略。当 i=1, j=0 时，表示 WEEE 回收商在该契约中处于绝对的主导地位，将得到通过合作所得的全部系统增益；当 i=0, j=1 时，表示 EEE 制造商处于绝对的主导地位；当 i=0, j=0 时，表示 WEEE 拆解商在该契约中处于绝对的主导地位。显然，$0<i<1$，$0<j<1$，i 与 j 值的大小依赖于回收商及制造商的谈判能力。

3.1.3 RP 模式与 DDP 模式的对比及数值分析

3.1.3.1 两种模式对比

基于 3.1.1 小节和 3.1.2 小节中对 WEEE 回收处理两种模式的研究，本小节将对 RP 模式与 DDP 模式展开横向比较分析。假设 EEE 市场需求函数、WEEE 回收量函数、回收商回收 WEEE 的边际运营成本、制造商将加工制造原材料的边际生产成本以及加工制造 WEEE 材料的边际再生产成本均保持不变，即两种模式的 d、a、b、c_r、c_m、c_{mr} 均为一致，得到两种模式具体参数比较如表 3.3 所示。

表 3.3　　　　　　　　　两种模式合作状态下参数比较

变量	RP 模式	DDP 模式
p_r^*	$\dfrac{(2ab-1)(c_m-c_r-c_{rd}-c_{mr})+ac_m+d}{4ab-1}$	$\dfrac{(2ab-1)(c_m-c_r-c_d-c_{mr})+ac_m+d}{4ab-1}$
p_{rd}^*	$[p_r^*+c_r+c_{rd}, p_m^*)$	/
p^*	/	$[p_r^*+c_r, p_d^*)$
p_d^*	/	$[p^*+c_d, p_m^*)$

续表

变量	RP 模式	DDP 模式
p_m^*	$\dfrac{b[(2a-1)c_m + c_r + c_{rd} + c_{mr} + 2d]}{(4ab-1)^2}$	$\dfrac{b[(2a-1)c_m + c_r + c_d + c_{mr} + 2d]}{(4ab-1)^2}$
π_r^*	$(p_{rd}^* - p_r^* - c_r - c_{rd})(bp_r^* - p_m^*)$	$(p^* - p_r^* - c_r)(bp_r^* - p_m^*)$
π_d^*	/	$(p_d^* - p^* - c_d)(bp_r^* - p_m^*)$
π_m^*	$(p_m^* - c_m)(-ap_m^* + d)$ $+ (c_m - p_{rd}^* - c_{mr})(bp_r^* - p_m^*)$	$(p_m^* - c_m)(-ap_m^* + d)$ $+ (c_m - p_d^* - c_{mr})(bp_r^* - p_m^*)$
π_t^*	$(p_m^* - c_m)(-ap_m^* + d)$ $+ (c_m - p_r^* - c_{mr} - c_r - c_{rd})(bp_r^* - p_m^*)$	$(p_m^* - c_m)(-ap_m^* + d)$ $+ (c_m - p_r^* - c_{mr} - c_r - c_d)(bp_r^* - p_m^*)$

由表 3.3 可知，在两种不同模式下，当回收商处理 WEEE 的边际成本大于拆解商处理 WEEE 的边际成本时，即当 $c_{rd} > c_d$ 时，RP 模式下的制造商出售产品价格 p_m^* 虽然与 DDP 模式下的相比较大，但从消费者处回收 WEEE 的价格 p_r^* 相对较低，导致 WEEE 的实际回收量 q_r 降低，从而使逆向供应链总利润相对较小。与此同时，由于回收商、拆解商出售 WEEE 的单价具不确定性，均具有一定的取值区间，因此，无论在何种模式下，回收商、拆解商及制造商的收益均在一定区间内浮动，但由于 $c_{rd} > c_d$，DDP 模式下的各方收益普遍大于 RP 模式下的收益。由此可以得出如下结论。

结论 3.16：当回收商处理 WEEE 的成本与拆解商处理 WEEE 成本相比较高时，即当 $c_{rd} > c_d$ 时，逆向供应链各成员选择 DDP 模式的概率较大；当 $c_{rd} < c_d$ 时，WEEE 逆向供应链将更倾向于形成 RP 模式。

实践中，当逆向供应链的回收模式转变后，EEE 市场需求函数与 WEEE 回收量函数很难保持不变，且具有一定的回收模式转变成本。此外，回收商也可能在自身 WEEE 处理成本较高的情况下，仍选择 RP 模式、RP 与 DDP 相结合的模式，甚至是其他模式进行 WEEE 的循环利用，以对自身拆解处理 WEEE 工艺流程进行保护或使其在该市场的垄断地位得以保持。以大型回收处理企业为例，相较小型回收站点及私人回收小贩，其在 WEEE 回收、拆解、处理的一体化服务中有较大技术及市场优势，故更倾向于选择 RP 模式，且此时其最优策略为选择与产品制造商合作。

而对小型回收站点与私人回收小贩而言，由于其自身在人力资源成本方面的优势拆解处理专业技术方面的不足，故更倾向于选择 DDP 模式，并与专业的拆解企业及制造商均维持良好合作关系，从而使自身收益向最优方向发展。RP 模式与 DDP 模式优势、弱点及建议适用情况如表 3.4 所示。

表 3.4　　　　　　　　　　RP 模式与 DDP 模式比较

	RP 模式	DDP 模式
优势	①有利于回收商直接接触制造商与消费者，及时获取及准确掌握相关信息 ②有利于回收商提供逆向物流一条龙服务，从而方便制造商与消费者	①有利于回收商将资源集中于 WEEE 的回收活动，提升其核心竞争力 ②有利于拆解处理商形成规模经济 ③有利于控制与降低逆向物流体系中的管理成本
弱点	①回收渠道构建及维护成本较高，不利于优势资源的集中利用 ②回收流程长，管理难度较大	①回收商无法直接获取制造商的反馈信息，拆解商无法直接掌握 WEEE 从消费者手中回收的情况，不利于逆向物流体系信息流的流动 ②拆解商管理不善将带来风险 ③逆向物流体系构建初期，投资回报率低
建议适用情况	①回收商经济实力雄厚，资源丰富，有一定 WEEE 回收处理经验 ②被循环利用的 WEEE 的回收处理工艺科技含量高、专业性较强，或其内物料对环境有较大危害，需专门从其产生之源头进行处理	①回收商与拆解商为关系良好的合作伙伴 ②被循环利用的 WEEE 的回收处理工艺的保密性较低，专业性较弱，可委托拆解商处理

3.1.3.2　数值分析

为进一步说明上述结论，本小节将通过选取一组合适的数值参数进行算例分析。假设 $d = 50$，$a = 5$，$b = 10$，$c_m = 8$，$c_{mr} = 2$，$c_d = 2$，$c_r = 2$，$c_{rd} = 3$，计算得到 RP 模式下合作状态及 DDP 模式下合作状态及非合作状态下的均衡结果，如表 3.5 所示。

表 3.5　　　DDP 模式合作及非合作状态下的均衡结果

变量	RP 模式	DDP 模式	
	合作结果	合作结果	非合作结果
p_r	0.95	1.45	1.1
p_{rd}	[5.95, 9)	[3.45, p_d^*)	3.45
p_d	/	[5.45, 8.95)	[5.45, 8)
p_m	9	8.95	8.95
π_r	(0.84, 1.53)	(0.84, 1.53)	0.77
π_d	/	(0, 4.33)	(0, 7.01)
π_m	(3.5, 5.03)	(3.71, 8.04)	(0.51, 3.5)
π_t	5.03	8.04	7.27

如果要使拆解商在合作状态下的收益高于非合作状态下的收益,则需要满足式(3-52),即:

$$\begin{cases} (p_d^* - p_d' + p^* - 3.45)[5 \times (2 \times 10 - 1) \times 8 - 2 \times 5 \times 10 \times (2+2+2) - 50] > 0 \\ p_d^* \in [5.45, 8.95) \\ p_d' \in [5.45, 8) \\ p^* \in [3.45, p_d^*) \end{cases}$$

(3-54)

由于 $5 \times (2 \times 10 - 1) \times 8 - 2 \times 5 \times 10 \times (2+2+2) - 50 > 0$,则化简可得:

$$\begin{cases} p_d^* - p_d' + p^* - 3.45 > 0 \\ p_d^* \in [5.45, 8.95) \\ p_d' \in [5.45, 8) \\ p^* \in [3.45, p_d^*) \end{cases}$$

(3-55)

以 p_d^*、p^*、p_d' 为三维坐标轴,采用 MATLAB 软件仿真可得到满足式(3-55)的 (p_d^*, p^*, p_d') 的可行区域,如图 3.3 所示。

在图 3.3 中,当 (p_d^*, p^*, p_d') 的取值位于图中七面体内部时,回

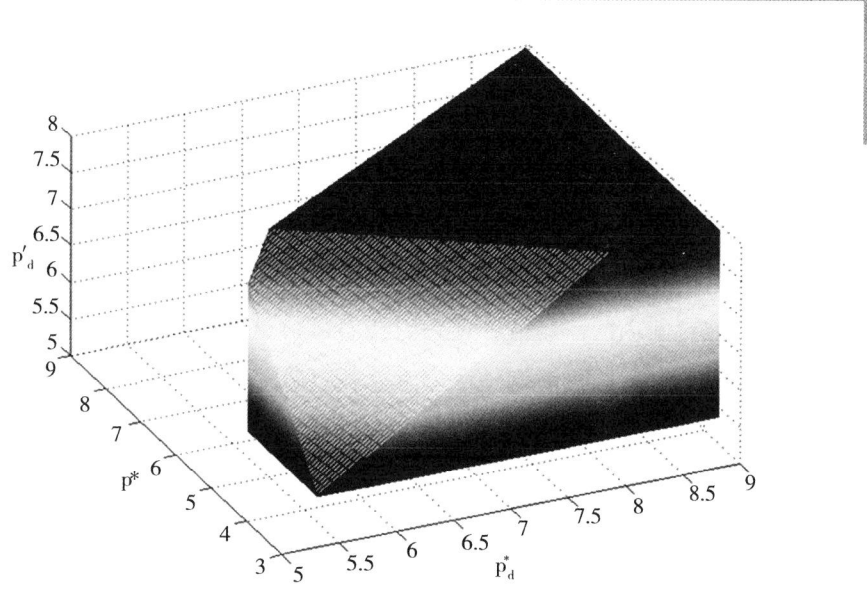

图 3.3 (p_d^*, p^*, p_d') 的可行区域

收商、拆解商与制造商更倾向于选择合作,且各成员合作时的利润均高于非合作时的利润。

3.1.4 小结

在 3.1.1 节和 3.1.2 节中,我们在完全信息博弈的前提下,分别对 RP 模式及 DDP 模式下 WEEE 逆向供应链定价模型进行了分析研究。同时针对每种回收模式,分别分析了合作状态及非合作状态下的模型,给出了相关的定价策略及其相应变量间的关系。由计算分析可知,在 RP 模式中,回收商与制造商进行合作是唯一选择,而在 DDP 模式中,回收商、拆解商及制造商的均衡结果可能为三方合作关系,也可能呈现出回收商与拆解商之间为 Stackelberg 博弈关系,而拆解商与制造商之间为合作关系的结果。为促成三方合作而实现逆向供应链系统利润的最大化,在 3.1.2 小节的最后部分对相应的定价策略与契约协调机制进行了讨论。

在 3.1.3 小节中,我们首先通过对两种不同回收模式的参数、优缺点及适用情况等因素的横向比较发现,根据处理 WEEE 的成本等条件的不同,WEEE逆向供应链系统对回收模式的选择不同,但总体而言,追求自身利益最大化的最终目标使各成员始终选择能使其利润最大的回收模式。其次,选取了合适的数值参数,进行了算例分析,进一步验证与说明了本节结论的正确性。

总而言之,在完全信息条件下,合作状态相较于非合作状态将为WEEE逆向供应链系统的各成员带来更多收益,但由于出售WEEE的价格均为在特定区间内的浮动值,且它们会对各成员的收益造成直接影响,故逆向供应链成员之间可通过降低成本、签订收益共享契约以及约定浮动价格的值来协调各方收益,从而促成逆向供应链系统内部协调与合作。本节结论对WEEE逆向物流体系中回收商、拆解商及制造商的定价策略均具有一定的现实指导意义。

3.2 不完全信息下的WEEE逆向供应链定价决策

3.1节研究了完全信息下的WEEE逆向供应链的定价决策问题,而在现实中,供应链系统中的各方参与者的信息并非完全公开。各参与方为使自身利益达到最大化,均有可能隐藏自己所拥有的在资源、成本、运输、质量、创新等方面的信息,甚至通过伪装及说谎以谋求更多的收益。因此,在现实情况下,供应链上各参与方对其他参与方信息的掌握程度较低。由此,本节将重点置于不完全信息条件,分别基于WEEE处理成本和质量信息不确定性探讨WEEE回收定价决策。

3.2.1 WEEE处理成本信息不确定条件下静态博弈分析

在本模型中,回收商从消费者手中以一定价格回收WEEE,并将回收来的WEEE出售给拆解商,以供其对WEEE进行集中拆解处理。拆解商以一定成本从回收商处购得的WEEE进行处理后,将具有再利用价值的WEEE物料出售给制造商。制造商从拆解商处以一定价格购买处理后的WEEE物料,并将其进行再处理与再加工,进而形成再制造产品,将其投放市场。本节模型框架如图3.4所示。

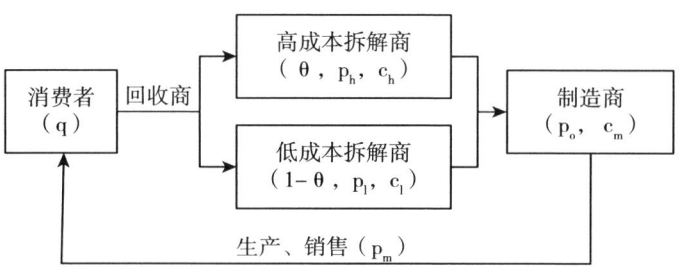

图 3.4 拆解处理成本信息不确定条件下 DDP 模式的模型框架

WEEE 拆解商以及 EEE 产品制造商均为独立的博弈参与人，其目标均为自身利益最大化，且双方同时进行决策。虽然制造商无法知晓拆解商的真实类型，但其可通过概率分析来估测拆解处理商成本高低的概率分布情况。

本节模型提出如下假设。

（1）拆解商与 EEE 制造商均为完全理性，追求自身利润最大化。

（2）制造商的生产成本、购买处理完毕的 WEEE 物料价格等信息是公共信息，而拆解商的 WEEE 处理成本为私人信息，只有拆解商自己知晓，制造商仅知晓高低成本的概率分布。

（3）逆向供应链系统中回收的 WEEE 能够被制造商完全处理加工，形成再制造产品，即 WEEE 回收量与再利用量一致。

（4）拆解商与制造商均为风险中性。

模型参数及变量如下。

（1）拆解商：WEEE 拆解商以 p 的单位价格从回收商处购买回收的 WEEE。在单位回收价格为 p 时，拆解商处理 WEEE 的数量为 q，且 q 为与 p 有关的线性增函数，$q = kp + b$，其中 k 为 p 的弹性系数，b 为最小回收量，$k>0$，$b>1$。随后，拆解商以 c 的边际处理成本对回收来的 WEEE 实施拆解、处理及分类等工序。但 c 为拆解商的私人信息，制造商仅知拆解商成本较高为 c_h 的概率为 θ，成本较低为 c_l 的概率为 $(1-\theta)$。因此，对制造商而言，拆解商的期望边际处理本为：$Ec = \theta c_h + (1-\theta)c_l$，且满足条件 $0.5c < c_l < c_h < 2c$。

(2)制造商：EEE 制造商以 p_o 的单位价格从拆解商处购买完毕的 WEEE 物料，并以 c_m 的边际再生产成本将其进行再处理及再加工，以生成再制造产品，最后以 p_m 的单位价格出售给消费者。

(3)拆解商与制造商的收益。

拆解商的收益为：

$$\pi_d = (p_o - p - c)q \qquad (3-56)$$

结合 $q = kp + b$，可得：

$$\pi_d = (p_o - p - c)(kp + b) = kp_o p + bp_o - kp^2 - bp - kpc - bc \qquad (3-57)$$

制造商的收益为：

$$\pi_m = (p_m - c_m - p_o)q \qquad (3-58)$$

结合 $q = kp + b$，可得：

$$\pi_d = (p_m - c_m - p_o)(kp + b) = kp_m p + bp_m - kpc_m - bc_m - kp_o p - bp_o \qquad (3-59)$$

拆解商与制造商的总收益为：

$$\pi_t = \pi_d + \pi_m = (p_m - c_m - p - c)q = (p_m - c_m - p - c)(kp + b) \qquad (3-60)$$

其中，为保持上述问题有意义，则参数变量须满足：

$$c_l < c < c_h < p < p + c < p_o < p_o + c_m < p_m \qquad (3-61)$$

在静态博弈中，拆解商与制造商同时分别决定 p 与 p_m。对于拆解商而言，其定价取决于制造商的产品售价 p_m 及其自身的经营成本 c。设拆解商在高成本条件下（c_h）将决定购买单价为 p_h 的 WEEE，在低成本条件下（c_l）将决定购买单价为 p_l 的 WEEE。

结合式(3-57)，由 $\dfrac{\partial \pi_d}{\partial p} = 0$ 得：

$$p = \frac{k(p_o - c) - b}{2k} \qquad (3-62)$$

对于制造商来说,若仅知晓拆解商高低成本的概率分布,则对拆解商的期望价格为:

$$Ep = \theta p_h + (1-\theta)p_l = \theta \cdot \frac{k(p_o - c_h) - b}{2k} + (1-\theta) \cdot \frac{k(p_o - c_h) - b}{2k}$$

$$= \frac{k(p_o - Ec) - b}{2k} \qquad (3-63)$$

EEE 制造商的期望收益为:

$$E(\pi_m) = \theta(p_m - c_m - p_o)(kp_h + b) + (1-\theta)(p_m - c_m - p_o)(kp_l + b)$$

$$= (p_m - c_m - p_o)(kEp + b) \qquad (3-64)$$

结合式(3-64),可得:

$$\frac{\partial E(\pi_m)}{\partial p_o} = -kEp - b < 0 \qquad (3-65)$$

即制造商的收益随 p_o 的减小而增加,但由于 p_o 不可能无穷小。结合式(3-61)可得:

$$p_o^* = Ep + Ec = \frac{k(p_o^* + Ec) - b}{2k} \qquad (3-66)$$

求解式(3-66),可得:

$$p_o^* = Ec - \frac{b}{k} \qquad (3-67)$$

将 c_h、c_l 及式(3-67)代入式(3-62),可得:

$$p_h^* = \frac{Ec - c_h}{2} - \frac{b}{k} = \frac{(1-\theta)(c_l - c_h)}{2} - \frac{b}{k} < 0 \qquad (3-68)$$

$$p_l^* = \frac{Ec - c_l}{2} - \frac{b}{k} = \frac{\theta(c_h - c_l)}{2} - \frac{b}{k} \qquad (3-69)$$

低成本条件(c_l)下的拆解商与制造商的收益分别为:

$$\pi_d^l = (p_o^* - p_l - c_l)(kp_l + b) = \frac{k\theta^2(c_h - c_l)}{4} \qquad (3-70)$$

$$\pi_m^l = (p_m - c_m - p_o^*)(kp_l + b) = \frac{\theta(c_h - c_l)[kp_m - kc_m - k\theta c_h - k(1-\theta)c_l - b]}{2}$$

(3-71)

结合模型计算求解所得到的结果，针对在 DDP 模式中拆解处理成本信息不确定条件下静态博弈的两方参与者展开分析，并得出以下结论。

结论 3.17：由式（3-62）可知，拆解商所决定购买 WEEE 的单价 p 与制造商购买拆解处理后的 WEEE 的单价 p_o 呈正相关关系，即 p 随着 p_o 的上升而增高。同时，p 又与拆解商的成本 c 呈负相关关系，即 p 随着 c 的上升而降低。

结论 3.18：由式（3-68）可知，高成本条件（c_h）下的拆解商从回收商处购买 WEEE 的均衡单价为负数。因此，高成本条件的拆解商为避免无利可图，并不会将自己"伪装"成为低成本条件的企业，而是会将自己"伪装"成为更高成本条件的拆解商，从而使 EEE 制造商高估自己的拆解成本，进而从"伪装"中获益。但由于在逆向供应链系统中，拆解商与制造商的关系一般都为长期合作，而随着制造商对拆解商了解的日益加深，这种"伪装"会被制造商识破，拆解商会被发现真实成本条件（c_l）。此时 $\theta = 0$，即 $\pi_d^l = 0$，拆解商仍无利可图，供应链断裂。同时，考虑到"伪装"所带来的信誉损失风险，长期与制造商合作的拆解商并不会选择"伪装"成本条件以获得更多短期收益。

结论 3.19：结合结论 3.18、式（3-69）以及式（3-70），对低成本条件（c_l）的拆解商而言，"伪装"成为高成本条件（c_h）的拆解商可提高自身利润。但从长远来看，随着制造商在合作中对拆解商的了解加深，该种"伪装"并不会给拆解商带来持久稳定的收益。因此，拆解商没有必要隐瞒自己真实的处理成本。

进一步分析比较不完全信息下的静态博弈与完全信息下的合作状态下的各方收益，可得到以下结论。

结论 3.20：若拆解商公开自己的成本，则双方构成了完全信息下的 Stackelberg 博弈，拆解商的收益为 $\pi_d' = (p_d' - p' - c_d)(bp_r' - p_m')$，其中 p_d'、p' 与 p_m' 符合式（3-32），p_r' 符合式（3-33）。该种状态下的 π_d' 是稳定的、长期的，且有 $\pi_d' > \lim_{x \to 1}\pi_d^l$，故拆解商宁可选择公开自己的成本信息，

选择 Stackelberg 博弈，也不会为短期内利润的增加而隐藏私人信息进行不完全信息下的静态博弈。

结论 3.21：在 WEEE 处理成本信息不确定条件下，拆解商对自己的成本信息进行"伪装"将对自身及制造商的利益产生影响，且仅拥有相关概率信息的制造商则可能承受着更大的风险。因此，若拆解商与制造商加强双方合作，以共同的供应链整体利润最大化为目标，公开各自的成本等信息，形成完全信息下的合作，则双方收益均将有所提升。

3.2.2 WEEE 处理质量信息不确定条件下信号博弈分析

在本模型中，回收商从消费者手中以一定价格回收 WEEE，并将初步整理后的 WEEE 出售给拆解商，以供其对 WEEE 进行集中拆解处理。拆解商将 WEEE 进行专业化的拆解处理后，将其中有再利用价值的 WEEE 物料出售给制造商。但由于 WEEE 再生价值及在加工成本的不同，处理后的 WEEE 物料可分为高质量与低质量两类。制造商从拆解商处购买处理完毕的 WEEE 物料，并将其进行再加工及再制造，进而形成再制造产品。本节研究模型框架如图 3.5 所示。

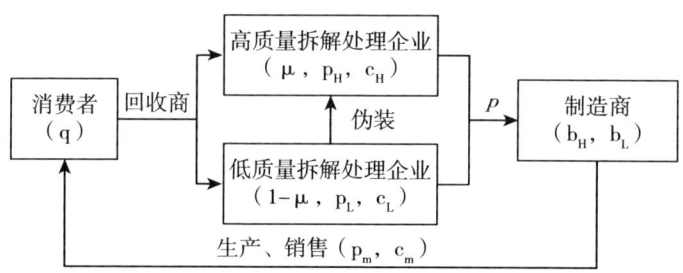

图 3.5 拆解处理质量信息不确定条件下 DDP 模式的模型框架

WEEE 拆解商及 EEE 制造商均以自身利润最大化为目标同时进行决策。其中，拆解商为信号发出方，制造商为信号接收方。制造商无法知晓拆解商提供的 WEEE 物料的真实质量，但其可通过概率分析来估测 WEEE 物料质量的概率分布情况。而拆解商可能将所提供的低质量 WEEE "伪装"成为高质量 WEEE 以谋取更多利益。

本模型提出如下假设。

(1) 拆解商与 EEE 制造商均为完全理性，根据自身利益最大化原则做决策。

(2) 制造商的生产成本、购买处理完毕的 WEEE 物料价格等信息是公共信息，而拆解商处理 WEEE 的成本为私人信息，只有拆解商自己知晓，制造商仅知晓高低成本的概率分布。

(3) EEE 制造商具有足够的技术水平对 WEEE 物料实施再加工及再制造等工序，且再制造产品与产品同质，以相同的价格销售。

(4) 逆向供应链系统中回收的 WEEE 能够被制造商完全处理加工，形成再制造产品，即 WEEE 回收量与再利用量一致。

(5) 拆解商与制造商均为风险中性。

为了便于本模型的描述，在此首先给出信号博弈的过程及相关参数的说明。

在本模型中，WEEE 拆解商为信号发出方，处于优势地位，供应高质量 WEEE 物料的为高质量拆解商，用 H 表示；供应低质量 WEEE 物料的为低质量拆解商，用 L 表示。拆解商发出的信号可分为要求高价 p_H 与要求低价 p_L 两种。而与之相对应地，处于弱势地位的信息接收方的 EEE 制造商的行动策略可分为抛出较低的购买价 b_H 与抛出较低的收购价 b_L 两种。

本模型信号博弈的具体过程如下。

(1) "自然"从可行的类型集 $t=\{H,L\}$ 中选择，拆解商为 H 类型的概率为 $p(H)=\mu$，为 L 类型的概率为 $p(L)=1-\mu$。制造商不知其具体类型，只知其概率分布。

(2) 拆解商从信号集 $p=\{p_H,p_L\}$ 中选择 p_H 或 p_L 发送。

(3) 制造商获得信号 p_H 或 p_L 后，从行动策略 $b=\{b_H,b_L\}$ 中进行选择，做出相应的行动策略。

(4) 与拆解商相关的其他参数：c_H 为 H 类型拆解商的边际处理成本，c_L 为 L 类型拆解商的边际处理成本，c_F 为 L 类型拆解商"伪装"为 H 类型的边际运营成本，则拆解商的边际总运营成本为 $c_T=\{c_H,c_L,c_L+c_F\}$。由此，拆解商的实际收益为 $\pi_d(b,t)=b-c_T$，预期收益为 $\pi'_d(b,t)=p-c_T$。

(5) 与制造商相关的其他参数：$c_m = \{c_{mH}, c_{mL}\}$ 为制造商对 WEEE 物料进行再制造的边际制造成本，p_m 为出售给消费者的再制造产品的单位价格。$p(t|p)$ 表示当制造商观察到信号 p_H 或 p_L 之后，制造商推断拆解商类型为 H 或 L 的概率。$p(p|t)$ 表示当拆解商的类型为 H 或 L 时，发送信号 p_H 或 p_L 的条件概率。$p(b|p)$ 表示当制造商获得信号 p_H 或 p_L 后，抛出收购价 b_H 或 b_L 的条件概率。由此，制造商的收益函数为：$\pi_m(b,t) = p_m - b - c_m$。

其中，为保持上述问题有意义，且 H 类型的拆解商不会"伪装"成 L 类型，则参数变量需满足：

$$\begin{cases} p_L \leqslant b_L < p_m - c_{mL} < b_H \leqslant p_H < p_m - c_{mH} \\ c_H < p_H \\ c_L < p_L \\ c_L + c_F < p_H \end{cases} \quad (3-72)$$

3.2.2.1 制造商角度

当制造商观察到拆解商的信号为 p_L 时，若抛出收购价格 b_L，则其收益为：

$$\pi_m(b_L, p_L) = (p_m - c_{mL} - b_L) \cdot p(L|p_L) + (p_m - c_{mH} - b_L) \cdot p(H|p_L) \quad (3-73)$$

当观察到拆解商的信号为 p_L 时，若抛出收购价格 b_H，则其收益为：

$$\pi_m(b_H, p_L) = (p_m - c_{mL} - b_H) \cdot p(L|p_L) + (p_m - c_{mH} - b_H) \cdot p(H|p_L) \quad (3-74)$$

基于式（3-73）、式（3-74）并结合式（3-72）中的 $b_L < b_H$ 可得：$\pi_m(b_L, p_L) > \pi_m(b_H, p_L)$。说明当制造商观察到拆解商的信号为 p_L 时将采取抛出购价 b_L 的行动策略，即 $p(b_L|p_L) = 1, p(b_H|p_L) = 0$。

3.2.2.2 拆解商角度

当 H 类型的拆解商发出 p_H 信号时，其收益为：

$$\pi_d^H(b,H) = (b_L - c_H) \cdot p(b_L | p_H) + (b_H - c_H) \cdot p(b_H | p_H)$$
$$= b_L \cdot p(b_L | p_H) + b_H \cdot p(b_H | p_H) - c_H \quad (3-75)$$

当 H 类型的拆解商发出 p_L 信号时,结合式(3-72)及 $p(b_L | p_L) = 1$,$p(b_H | p_L) = 0$ 可得其收益为:

$$\pi_d^L(b,H) = \pi'_d(b_L,H) = b_L - c_H \quad (3-76)$$

由于 $b_L < b_H$,因此,$\pi_d^H(b,H) > \pi_d^L(b,H)$。说明 H 类型的拆解商不会发出 p_L 信号,其最优行动决策为发出 p_H 信号,即 $p(b_H | H) = 1$,$p(b_L | H) = 0$,$p(H | p_L) = 0$,$p(L | p_L) = 1$。

由此,可得出简化后的拆解处理质量信息不对称条件下的信号博弈模型如图 3.6 所示。

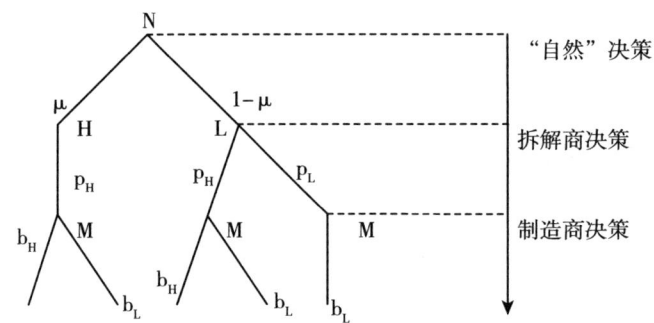

图 3.6 WEEE 处理质量信息不对称条件下简化后的信号博弈结构

3.2.2.3 博弈均衡解

由图 3.6 可知,信号博弈模型中可得出三种精炼贝叶斯均衡,即分开完美贝叶斯均衡、合并完美贝叶斯均衡及混合策略完美贝叶斯均衡。以下将对这三种均衡状态进行求解。

在分开完美贝叶斯均衡状态中,不同类型的拆解商将发出不同的价格信号,即 $p(H | p_H) = 1$,$p(L | p_L) = 1$,$p(H | p_L) = 0$,$p(L | p_L) = 1$。对 L 类型的拆解商而言,当发出信号 p_H 时,其预期收益为:

$$\pi'_d(p_H, L) = p_H - c_L - c_F \quad (3-77)$$

当其发出信号 p_L 时,其预期收益为:

$$\pi'_d(p_L, L) = p_L - c_L \quad (3-78)$$

若要使 $\pi'_d(p_H, L) < \pi'_d(p_L, L)$,即要使 $p_H - p_L < c_F$ 成立。此时,L 类型的拆解商由于"伪装"反而使预期收益降低,从而不选择"伪装"成为 H 类型,即拆解商的信号真实地反映了其类型。此时 EEE 制造商的序贯理性策略为:

$$\begin{cases} b_H = p_H \\ b_L = p_L \end{cases} \quad (3-79)$$

在合并完美贝叶斯均衡状态中,不论 H 类型还是 L 类型的拆解商,均发出相同的价格信号 p_H,即 $p(H|p_H) = \mu$,$p(L|p_H) = 1 - \mu$,$p(H|p_L) = 0$,$p(L|p_L) = 0$,此时信号已不起作用。当 $p_H - p_L > c_F$ 成立时,有 $\pi'_d(p_H, L) > \pi'_d(p_L, L)$,此时,L 类型的拆解商由于"伪装"会使预期收益增加而选择"伪装"成为 H 类型。此时 EEE 制造商的序贯理性策略为:

$$\begin{cases} b_H = p_H \cdot p(H|p_H) + p_L \cdot p(L|p_H) = \mu p_H + (1-\mu) p_L \\ b_L = p_L \end{cases} \quad (3-80)$$

但此时也需要保证 $p_H < p_m - c_{mH}$,即 p_H 不过分高而致使制造商无利可图。

在混合策略完美贝叶斯均衡状态中,H 类型的拆解商发出的价格信号为 p_H,而 L 类型的拆解商发出的价格信号为 p_H 或 p_L。即 $p(p_H|L) + p(p_L|L) = 1$,$p(H|p_L) = 0$,$p(L|p_L) = 1$,$p(L|p_H) + p(H|p_H) = 1$。当 $p_H - p_L = c_F$ 成立时,有 $\pi'_d(p_H, L) = \pi'_d(p_L, L)$,此时 L 类型的拆解商会由于"伪装"成 H 类型并不会影响其期望收益而随机给出信号 p_H 与 p_L。对制造商而言,当接收到 p_H 信号时,拆解商真实类型为 L 的概率为:

$$p(L|p_H) = \frac{p(Lp_H)}{p(p_H)} = \frac{(1-\mu) \cdot p(p_H|L)}{(1-\mu) \cdot p(p_H|L) + \mu \cdot p(p_H|H)}$$

$$= \frac{(1-\mu) \cdot p(p_H|L)}{(1-\mu) \cdot p(p_H|L) + \mu} \quad (3-81)$$

而此时拆解商的真实类型为 H 的概率为:

$$p(H \mid p_H) = 1 - p(L \mid p_H) = \frac{\mu}{(1-\mu) \cdot p(p_H \mid L) + \mu} \quad (3-82)$$

此时 EEE 制造商的序贯理性策略为：

$$\begin{cases} b_H = p_H \cdot p(H \mid p_H) + p_L \cdot p(L \mid p_H) = \dfrac{\mu p_H + (1-\mu) \cdot p(p_H \mid L) \cdot p_L}{(1-\mu) \cdot p(p_H \mid L) + \mu} \\ b_L = p_L \end{cases}$$

$$(3-83)$$

结论 3.22：在分开完美贝叶斯均衡中，只要满足 $P_H - P_L < c_F$，即拥有低质量 WEEE 物料的拆解商由于"伪装"成本过高使其预期收益降低，而不会选择将使其预期收益降低的"伪装"策略，即拆解商的信号真实地反映了其类型。在此种情况下，制造商可根据拆解商所提供的 WEEE 物料的真实类型抛出相应的收购价格进行购买，此时拆解商与制造商不存在信息不对称的情况。当逆向供应链各成员合作时，要比非合作状态下获益更多，由此，制造商与拆解商可按完全信息下的定价策略进行决策，从而实现双方利润最大化。

结论 3.23：在合并完美贝叶斯均衡中，当 $p_H - p_L > c_F$ 成立，即拥有低质量 WEEE 物料的拆解商"伪装"成高质量拆解商时所获收益高于"伪装"所需的额外成本时，其将因有额外收益而选择进行"伪装"。由于信号失真，此时制造商为使自身利益最大化，只能以低于 p_H 的价格 $b_H = \mu p_H + (1-\mu) p_L$ 开展 WEEE 物流购买活动，导致 H 类型的拆解商承担了 $p_H - b_H = (1-\mu)(p_H - p_L)$ 的经济损失，而 L 类型的拆解商获得了 $b_H - p_L = \mu(p_H - p_L)$ 的额外收益。此时，制造商的序贯理性策略将不利于拆解商提供高质量的 WEEE 物料，反而助长了拆解商"以次充好"的趋势。该种情况不利于 WEEE 逆向供应链的运作，而监管机构及政府部门可设计适当的奖罚措施，对拆解商进行引导，使供应链体系向更为健康优良的方向发展。

结论 3.24：在混合策略完美贝叶斯均衡中，当 $p_H - p_L = c_F$ 成立时，L 类型的拆解商将随机选择"伪装"。而在 WEEE 逆向供应链的长期合作关系中，理性的 L 类型拆解商为追求自身收益的最大化，避免自身信誉受损或受到监管者的处罚,将选择不"伪装",即给出信号 p_L。而对于仍选择"伪装"的拆解商,监管机构及政府部门应做出与在合并完美贝叶斯均衡中同样的激励机制设计,从而促使其发出与自身类型相符的信号。

3.2.3 小结

现实中,供应链上的各方参与者的信息大多处于不完全公开的状态,故本节中对不完全信息条件下的 WEEE 逆向供应链定价决策研究,相较完全信息条件下博弈模型而言,更具现实参考价值。

3.2.1 小节首先通过对 WEEE 处理成本信息不确定条件下的静态博弈模型的计算分析,指出"伪装"并不是考虑自身收益最大化的理性拆解商的最佳选择。在现实中,拆解商更倾向于公开私人信息,并与制造商形成完全信息下的合作关系,因此这种不完全信息下的静态博弈的现实意义较低。

3.2.2 小节针对 WEEE 逆向供应链成员由于工艺流程、器械设备、人员素质、所购 WEEE 物料质量以及专业化水平不同所导致的类似伪装的欺骗行为,构建了处理后的 WEEE 物料质量信息不确定条件下的信号博弈模型,求解并分析了模型中的三种精炼贝叶斯均衡。在分开完美贝叶斯均衡中,拆解商更倾向于声明自己的真实类型,并与制造商形成完全信息下的合作关系;而在合并完美贝叶斯均衡及混合策略完美贝叶斯均衡中,由于有"伪装"的拆解商存在的可能,故建议监管机构及政府部门设计适当的相关奖惩措施,引导其放弃"伪装",使 WEEE 逆向物流系统向更为积极的方向发展。

总而言之,本节所进行的研究内容进一步丰富与完善了对 WEEE 逆向供应链定价决策的研究,特别是针对由人员、设备、材料、技术、环境等不确定因素造成的 WEEE 处理成本及质量信息不确定条件下的行动策略的分析探讨,对 WEEE 回收处理实践活动具有一定的现实指导意义。

第 4 章

考虑制造商差异的 WEEE 回收处理模式研究

根据 WEEE 回收处理主体的不同，第 2 章和第 3 章探讨了不同模式以及不同信息状态下 WEEE 逆向供应链定价决策，并设计了供应链内部协调机制，但模型构建时只考虑了单一制造商和单一回收商/拆解商组成的逆向供应链，没有考虑不同品牌、产品质量水平的制造商差异和消费者偏好对逆向供应链决策的影响。鉴于此，本章在前面研究基础上，进一步探讨不同主体回收处理 WEEE 时逆向供应链决策问题，比较分析制造商自主回收处理和委托回收商处理 WEEE 的不同回收渠道。首先考虑不同水平的制造商由于品牌、产品质量等差异对 WEEE 逆向供应链决策的影响以及不同回收处理渠道的选择偏好，分析消费者偏好和产品替代率对供应链成员决策的影响；针对制造商自主回收 WEEE 模式，考虑制造商在产品的生产制造过程中采取有利于废旧产品回收再制造和对环境有益的绿色设计（design for environment，DfE）行为，探讨不同水平制造商对 WEEE 回收处理的最优决策以及 DfE 参与程度。

4.1 考虑制造商差异与消费者偏好的逆向供应链回收模式研究

4.1.1 模型描述

在生产者责任组织（producer responsibility organizations，PROs）规制

下，考虑消费者偏好与市场竞争，建立由一个高端制造商 M_h 和一个低端制造商 M_l、废旧产品回收商构成的 WEEE 逆向供应链系统。在逆向供应链中，PROs 首先制定制造商销售产品中应被回收的产品最低比率 b，以及单位回收处理补贴 d，考虑回收处理成本之后，制造商决定其销售量和销售价格；其次，回收商决定向制造商收取回收与处理废旧产品的费用；最后，消费者购买再制造产品。模型框架如图 4.1 所示。

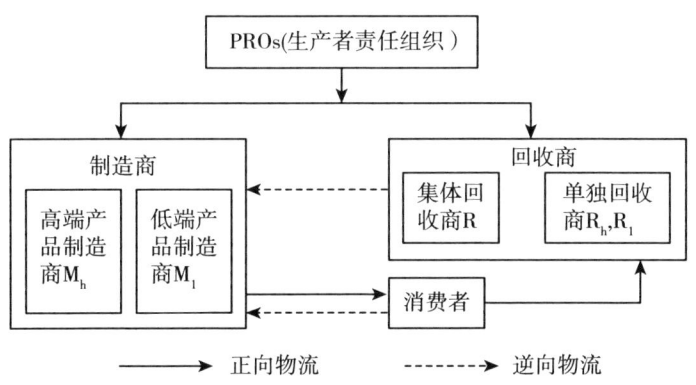

图 4.1 二级逆向供应链决策模型

为了便于模型描述，给出相关变量和函数说明。

（1）生产者责任组织（PROs）：由政府主导，负责制订有效的 DfE 激励机制，设定最低回收比率 b 以及向制造商征收回收处理基金 t。当制造商自主回收与处理 WEEE 产品时，提供单位处理补贴 d。

（2）消费者：消费者作为重要的利益相关主体，对 WEEE 产品的回收处理决策有着直接的影响。首先，消费者对不同制造商产品存在不同的消费偏好，对高端制造商 M_h 生产制造的产品消费偏好为 v，对低端制造商 M_l 生产制造的产品消费偏好为 μv，其中 $0 \leq \mu \leq 1$，v 服从均匀分布（Atasu，2009）。μ 表示两个制造商生产的产品替代率（Toyasaki et al.，2011），而 $(1-\mu)$ 则为制造商差异，即制造商之间品牌与产品质量等方面的差异。在给定制造商销售价格分别为 p_h 和 p_l 的情况下，消费者效用分别为 $U_h(v) = v - p_h$ 和 $U_l(v) = \mu v - p_l$，当消费者偏好 v 分别满足 $\{v | U_h(v) \geq 0, U_h(v) \geq U_l(v)\}$ 和 $\{v | U_l(v) \geq 0, U_l(v) > U_h(v)\}$ 时，消费者将分别购买高端产品和低端产品。

（3）制造商：制造商主要有两个责任：一是"绿色生产"，在产品生产制造过程中要考虑其环境属性，采用便于回收处理的原材料和有利于资源综合利用和处理的设计方案；二是委托或自行处理 WEEE，必须达到给定的最低回收比率 b。考虑一个双寡头垄断市场上存在高端产品制造商 M_h 和低端产品制造商 M_l，考虑消费者偏好与市场竞争，则有 $p_h = 1 - q_h - \mu q_l$，$p_l = \mu(1 - q_h) - \mu q_l$。制造商需要对生产的 WEEE 产品进行回收，并选择是自行回收处理还是委托专业的回收处理企业操作。假定制造商生产成本为 c，WEEE 单位回收处理成本为 t，则有 $1 - c - tb > 0$。此外，不同水平制造商生产成本也不相同，高端产品制造商生产成本大于低端产品制造商生产成本，即满足 $c_h - c_l > 0$。当制造商自行回收处理时，单位处理成本为 r，此时可得单位回收补贴 d。

（4）回收商：当制造商选择委托回收处理模式时（见图 4.2），又存在集体回收和单独回收两种情况。假设回收商单位处理成本为 σ，回收处理 WEEE 产品可得单位收益 γ。在委托回收处理时，需满足 $t - \sigma + \gamma > 0$ 以保证回收商的利润大于零。另外，回收净成本 $\sigma - \gamma > 0$ 表示回收商不能单纯通过回收处理产品获益而不需要制造商支付处理费用。

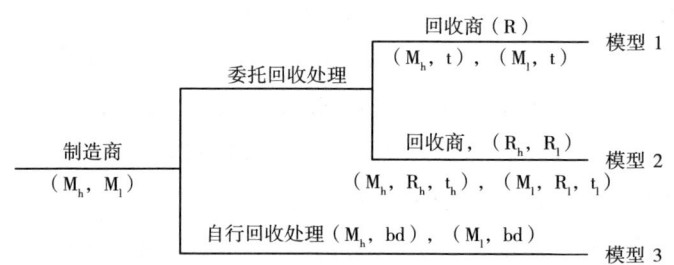

图 4.2　不同回收处理模式下两阶段序贯决策模型

为便于模型描述，给出相关模型假设。

（1）制造商和回收商均为完全理性，即根据各自利润最大化的原则进行决策。

（2）制造商所生产的产品能够被完全订购和消费，即产量与销售数量和市场需求量一致。

（3）回收商和制造商具有足够的技术水平对 WEEE 进行回收处理和再

制造，且再制造产品与用原材料制造的新产品同质，以相同价格在市场上销售。

（4）回收商和处理商合并为回收商，即回收商负责同时回收和处理。

（5）制造商和回收商均为风险中性，其效用与收益一致。

4.1.2 模型建立与求解

目前国内外对于 WEEE 回收处理模式主要可分为两大类：一类委托回收处理模式，即寻找第三方专门回收处理机构进行回收处理活动；另一类是自行回收处理，即制造商自行承担产品的回收处理责任。在委托回收处理模式下，假设回收商为 Stackelber 领导者，制造商为跟随者。这是由于目前回收处理行业尚处在相对不发达的发展阶段，而制造商却必须达到 WEEE 指令所规定的最低指标，因而 WEEE 回收需求远远超过现有的回收能力。例如，在德国只有 20 多家回收处理企业，却要给 20000 多家制造商提供回收处理废旧电脑和其他电器的服务。同样地，荷兰非营利性组织 NVMP 通过仅有的 4 家回收处理商来回收 1200 多家制造商的废旧产品，并且每一家处理商仅负责一个特定的产品类别（计国君，2012）。如图 4.2 所示，制造商一方面在消费市场上进行产品竞争；另一方面，回收商在废旧产品市场上设立竞争性的回收处理费用。

4.1.2.1 PROs 组织下的委托集体回收模式（模型 1）

如图 4.2 模型 1 所示，PROs 向制造商 M_h 和 M_l 收取相同的回收处理费用 t，然后指定一个回收处理商 R 负责回收处理活动并支付回收处理基金 t，目前荷兰和瑞典等国家采用此种回收模式。

根据上述情况，结合 $p_h = 1 - q_h - \mu q_l$，$p_l = \mu(1 - q_h) - \mu q_l$，得到回收商和处理商的利润函数分别为：

$$\pi_R^1 = b(q_h^1 + q_l^1)(t^1 - \sigma + \gamma) \tag{4-1}$$

$$\pi_{M,h}^1 = q_h^1(1 - q_h^1 - \mu q_l^1 - c_h - t^1 b) \tag{4-2}$$

$$\pi_{M,l}^1 = q_l^1[\mu(1 - q_l^1) - \mu q_l^1 - c_l - t^1 b] \tag{4-3}$$

运用逆向归纳法（Adda et al.，2003；Kicsinya et al.，2014），首先考虑第二阶段制造商的博弈，在给定 t^1 时，高端产品制造商根据式（4-2）确定其产量，具体函数满足：

$$q_h^1 = \frac{1 - \mu q_l^1 - c_h - t^1 b}{2} \quad (4-4)$$

同理，根据式（4-3）可得低端产品制造商产量函数：

$$q_l^1 = \frac{\mu - \mu q_h^1 - c_l - t^1 b}{2\mu} \quad (4-5)$$

结合式（4-4）与式（4-5），可得 Nash 均衡产量解分别为：

$$q_h^1 = \frac{2 - \mu + c_l - 2c_h - t^1 b}{4 - \mu} \quad (4-6)$$

$$q_l^1 = \frac{\mu - 2c_l + \mu c_h - (2 - \mu) t^1 b}{\mu(4 - \mu)} \quad (4-7)$$

将式（4-6）和式（4-7）代入第一阶段处理商的利润函数式（4-1），得到回收商 R 的决策最优解：

$$t^{1*} = \frac{-\mu^2 + 3\mu + 2b(\sigma - \gamma) - (2 - \mu)c_l - \mu c_h}{4b} \quad (4-8)$$

其中，上标"*"表示博弈最优解。

将 t^{1*} 分别代入式（4-6）和式（4-7），得到制造商均衡产量分别为：

$$q_h^{1*} = \frac{\mu^2 - 7\mu + 8 - 2b(\sigma - \gamma) + (6 - \mu)c_l - (8 - \mu)c_h}{4(4 - \mu)} \quad (4-9)$$

$$q_l^{1*} = \frac{-\mu^3 + 5\mu^2 - 2\mu - 2b(2 - \mu)(\sigma - \gamma) + (\mu^2 - 4\mu - 4)c_l + \mu(6 - \mu)c_h}{4\mu(4 - \mu)}$$

$$(4-10)$$

与此同时，可得产品的市场均衡价格分别为：

$$p_h^{1*} = \frac{\mu^3 - 6\mu^2 + 5\mu + 8 + 2b(3 - \mu)(\sigma - \gamma) - (\mu^2 - 5\mu + 2)c_l + (\mu^2 - 7\mu + 8)c_h}{4\mu(4 - \mu)}$$

$$(4-11)$$

$$p_1^{1*} = \frac{-\mu^2 + 7\mu + 2b(\sigma - \gamma) + (2-\mu)c_l + \mu c_h}{2(4-\mu)} \quad (4-12)$$

由此可得该回收处理模式下制造商、回收商的最优收益函数。

$$\pi_R^{1*} = b(q_h^{1*} + q_l^{1*})(t^{1*} - \sigma + \gamma) \quad (4-13)$$

$$\pi_{M,h}^{1*} = q_h^{1*}(p_h^{1*} - c_h - t^{1*}b) \quad (4-14)$$

$$\pi_{M,l}^{1*} = q_l^{1*}(p_l^{1*} - c_l - t^{1*}b) \quad (4-15)$$

进一步分析式（4-8），对 t^{1*} 关于 μ 求一阶偏导数，可得：

$$\frac{\partial t^{1*}}{\partial \mu} = \frac{-2\mu + 3 + c_l - c_h}{4b} \quad (4-16)$$

结论 4.1：当高端产品制造商与低端产品制造商成本差 $c_h - c_l > 3$ 时，$\partial t^{1*}/\partial \mu < 0$，即制造商生产成本差距较大时，此时回收处理价格 t^{1*} 随着 μ 的增大而减小，说明制造商差异 $(1-\mu)$ 越大，回收处理价格越高；然而，当 $0 < c_h - c_l < 1$ 时，$\partial t^{1*}/\partial \mu > 0$，即制造商生产成本差距很小时，此时的回收处理价格 t^{1*} 随着 μ 的增大而增大，说明制造商差异 $(1-\mu)$ 越小，回收处理价格也越高；当 $1 \leq c_h - c_l \leq 3$ 时，满足 $0 < \mu < (3 + c_l - c_h)/2$ 时，$\partial t^{1*}/\partial \mu > 0$，$t^{1*}$ 随着 μ 的增大而增大，反之，当 $(3 + c_l - c_h)/2 < \mu < 1$ 时，t^{1*} 随着 μ 的增大而减小。

同样地，对式（4-9）和式（4-10）分别关于 μ 求一阶偏导数，易得 $\partial q_h^{1*}/\partial \mu < 0$，$\partial q_l^{1*}/\partial \mu > 0$。

结论 4.2：高端产品制造商的均衡产量随着 μ 的增大而减少，而低端产品制造商的均衡产量随着 μ 的增大而增大。也就是说，制造商差异 $(1-\mu)$ 越小，低端产品制造商相较于高端产品制造商在市场销售量方面存在优势，更容易获得收益。

4.1.2.2 制造商单独委托回收处理模式（模型2）

如图 4.2 模型 2 所示，两个制造商 M_h 和 M_l 分别委托不同回收商 R_h 和 R_l 签订回收处理合同，分别支付回收处理费用 t_h^2 和 t_l^2 建立合作关系，而 PROs 此时处于监督管理地位。如德国、奥地利等国目前倾向于采用该模式。

根据上述情况,得到回收商的利润函数分别为:

$$\pi_{R,h}^2 = bq_h^2(t_h^2 - \sigma + \gamma) \quad (4-17)$$

$$\pi_{R,l}^2 = bq_l^2(t_l^2 - \sigma + \gamma) \quad (4-18)$$

结合 $p_h = 1 - q_h - \mu q_l$,$p_l = \mu(1 - q_h) - \mu q_l$,此时制造商的利润函数为:

$$\pi_{M,h}^2 = q_h^2(1 - q_h^2 - \mu q_l^2 - c_h - t_h^2 b) \quad (4-19)$$

$$\pi_{M,l}^2 = q_l^2[\mu(1 - q_h^2) - \mu q_l^2 - c_l - t_l^2 b] \quad (4-20)$$

运用逆向归纳法,首先考虑第二阶段制造商的博弈,在给定单位回收处理费用 t_h^2 时,高端产品制造商 M_h 根据式(4-16)确定其产量,反应函数满足:

$$q_h^2 = \frac{1 - \mu q_l^2 - c_h - t_h^2 b}{2} \quad (4-21)$$

同理可得,低端产品制造商 M_l 的反应函数满足:

$$q_l^2 = \frac{\mu - \mu q_h^2 - c_l - t_l^2 b}{2\mu} \quad (4-22)$$

合并式(4-18)和式(4-19)求解方程组,得到均衡产量:

$$q_h^2 = \frac{2 - \mu + c_l - 2c_h 16 + t_l^2 b - 2t_h^2 b}{4 - \mu} \quad (4-23)$$

$$q_l^2 = \frac{\mu - 2c_l + \mu c_h - 2t_l^2 b + \mu t_h^2 b}{\mu(4 - \mu)} \quad (4-24)$$

将式(4-23)和式(4-24)代入回收商利润函数式(4-17)和式(4-18),分别对 t_h^2 和 t_l^2 求一阶和二阶偏导数,易得回收处理费用最优解:

$$t_h^{2*} = \frac{-3\mu + 8 + 10b(\sigma - \gamma) + 2c_l - (8 - \mu)c_h}{b(16 - \mu)} \quad (4-25)$$

$$t_l^{2*} = \frac{-\mu^2 + 6\mu + 2b(4 + \mu)(\sigma - \gamma) - (8 - \mu)c_l + 2\mu c_h}{b(16 - \mu)} \quad (4-26)$$

然后将 t_h^{2*},t_l^{2*} 分别代入式(4-23)和式(4-24),分别得到制造商的均衡产量:

$$q_h^{2*} = \frac{-6\mu + 16 - 2b(6-\mu)(\sigma-\gamma) + 4c_l - (16-2\mu)c_h}{(4-\mu)(16-\mu)} \quad (4-27)$$

$$q_l^{2*} = \frac{-2\mu^2 + 12\mu - 2b(8-3\mu)(\sigma-\gamma) - (16-2\mu)c_l + 4\mu c_h}{\mu(4-\mu)(16-\mu)}$$

$$(4-28)$$

根据 $p_h = 1 - q_h - \mu q_l$ 和 $p_l = \mu(1-q_h) - \mu q_l$,得到均衡价格:

$$p_h^{2*} = \frac{3\mu^2 - 26\mu + 48 - 2b(4\mu-14)(\sigma-\gamma) + (12-2\mu)c_l + (16-6\mu)c_h}{(4-\mu)(16-\mu)}$$

$$(4-29)$$

$$p_l^{2*} = \frac{\mu^3 - 12\mu^2 + 36\mu - 2b(\mu^3 - 3\mu - 8)(\sigma-\gamma) + (16-6\mu^2)c_l + (12\mu-2\mu^2)c_h}{(4-\mu)(16-\mu)}$$

$$(4-30)$$

与此同时,可得该回收处理模式下制造商、回收商的最优收益函数。

$$\pi_{R,h}^{2*} = bq_h^{2*}(t_h^{2*} - \sigma + \gamma) \quad (4-31)$$

$$\pi_{R,l}^{2*} = bq_l^{2*}(t_l^{2*} - \sigma + \gamma) \quad (4-32)$$

$$\pi_{M,h}^{2*} = q_h^{2*}(p_h^{2*} - c_h - t^{2*}b) \quad (4-33)$$

$$\pi_{M,l}^{2*} = q_l^{2*}(p_l^{2*} - c_l - t^{2*}b) \quad (4-34)$$

进一步分析计算结果,分别对式(4-25)和式(4-26)求解关于 μ 的一阶偏导数,可得:

$$\frac{\partial t_h^{2*}}{\partial \mu} = \frac{-3\mu + 8 + 10b(\sigma-\gamma) + 2c_l - (8-\mu)c_h}{b^3(16-\mu)^2} \quad (4-35)$$

$$\frac{\partial t_l^{2*}}{\partial \mu} = \frac{\mu^2 - 32\mu + 96 + 2b(16 - \mu + 8b + 2b\mu)(\sigma-\gamma) + 8c_l + 32c_h}{b^3(16-\mu)^2}$$

$$(4-36)$$

结论 4.3:产品差异越小,低端产品回收处理费用越高,t_h^{2*} 与 t_l^{2*} 差异越小;当 $\sigma - r + c_h < 4$ 时,高端产品回收净成本与生产成本较小,与低端产品差异较小,随着产品差异的进一步缩小,t_h^{2*} 越来越小。

同样地,对式(4-27)和式(4-28)关于 μ 求解一阶偏导数,可得:

$$\partial q_h^{2*}/\partial \mu = \{2[3\mu^2 - 16\mu - 32 + b(-\mu^2 + 12\mu - 56)(\sigma - \gamma) + (40 - 4\mu)c_l$$
$$+ (-\mu^2 + 16\mu - 96)c_h]\}/(\mu^2 - 20\mu + 64)^2 \quad (4-37)$$

$$\partial q_l^{2*}/\partial \mu = \{2\mu^2[(\mu - 6)^2 + 20] + 2b[\mu^2(84 - 6\mu) + 512 - 320\mu](\sigma - \gamma)$$
$$+ 2[\mu^2(44 - 2\mu) + 512 - 320\mu]c_l$$
$$+ 8\mu^2(10 - \mu)c_h\}/(\mu^3 - 20\mu^2 + 64\mu)^2 \quad (4-38)$$

根据式（4-37）、式（4-38）分析结果，易得 $\partial q_h^{2*}/\partial \mu < 0$，$\partial q_l^{2*}/\partial \mu > 0$。

结论 4.4：高端产品制造商均衡产量随着 μ 的增大而减小，低端产品制造商均衡产量随着 μ 的增大而增大。也就是说，产品差异越小，低端产品制造商产量越多，反之则高端产品制造商产量越多。

对结论 4.3 和结论 4.4 进一步分析概括可以得到以下结论。

结论 4.5：随着 μ 的减小，即产品差异的扩大，高端产品产量 q_h^{2*} 和回收处理单位费用 t_h^{2*} 呈增大趋势而低端产品产量 q_l^{2*} 及回收处理单位费用 t_l^{2*} 则相应减少。因此，竞争市场上的制造商差异越大，高端制造商和回收商更易获得更多的利益，易加剧两极分化。

4.1.2.3 制造商自主回收处理模式（模型3）

如图 4.2 模型 3 所示，制造商在进行正向配送操作的同时，自主承担废旧产品的逆向回收工作。制造商在该模式下将履行 WEEE 条例的行为内部化与一体化，独立承担 WEEE 回收处理责任，单位处理成本分别为 r_h 和 r_l。此时，政府为激励制造商的行为，通常会给制造商一定的单位处理补贴 d，目前 IBM 和 DELL 都在用该种回收处理模式（Toffel, 2003）。

在该模式下，制造商的收益由销售收益、回收处理 WEEE 获得的收益以及补贴三部分构成，结合 $p_h = 1 - q_h - \mu q_l$，$p_l = \mu(1 - q_h) - \mu q_l$，高端与低端产品制造商利润函数分别表示为：

$$\pi_{M,h}^3 = q_h^3[1 - q_h^3 - \mu q_l^3 - c_h - b(r_h - \gamma - d)] \quad (4-39)$$
$$\pi_{M,l}^3 = q_l^3[1 - \mu q_h^3 - \mu q_l^3 - c_l - b(r_l - \gamma - d)] \quad (4-40)$$

制造商通过博弈，可得各自产品均衡销量和价格最优解分别为：

$$q_h^{3*} = \frac{2 - \mu + b(\gamma + d) + br_l - 2br_h + c_l - 2c_h}{4 - \mu} \quad (4-41)$$

$$q_l^{3*} = \frac{\mu + b(2 - \mu)(\gamma + d) - 2br_l + 2b\mu r_h - 2c_l + \mu c_h}{\mu(4 - \mu)} \quad (4-42)$$

$$p_h^{3*} = \frac{2 - \mu - b(3 - \mu)(\gamma + d) + br_l + b(2 - \mu)r_h + c_l + (2 - \mu)c_h}{4 - \mu}$$

$$(4-43)$$

$$p_l^{3*} = \frac{\mu - 2b(\gamma + d) + b(2 - \mu)r_l + b\mu r_h + (2 - \mu)c_l + \mu c_h}{4 - \mu} \quad (4-44)$$

同样地，可得该回收处理模式下制造商最优收益函数。

$$\pi_{M,h}^{3*} = q_h^{3*} [p_h^{3*} - c_h - b(r_h - \gamma - d)] \quad (4-45)$$

$$\pi_{M,l}^{3*} = q_l^{3*} [p_l^{3*} - c_l - b(r_l - \gamma - d)] \quad (4-46)$$

4.1.3 数值分析

4.1.2 小节分别讨论委托第三方回收企业集体回收处理和单独回收处理模式下与制造商的 Stackelberg 模型，得到制造商和回收商以利润最大化为目标的各个决策最优解。本小节将通过选取一组合适的数值参数对部分最优解进行算例分析，分析比较以得到有益的结论。

假设市场上存在两家生产同类产品的家电产品制造商，其品牌与产品质量等存在一定差异。相关参数值表示如下：高端产品制造商单位生产成本 $c_h = 0.4$，低端产品制造商单位生产成本 $c_h = 0.2$，在 PROs 设定的最低回收处理率 $b = 0.25$ 强制要求下，为了集中资源进行生产制造活动，将回收处理行为委托给第三方专门回收处理企业，支付单位费用 t。回收商单位回收处理成本为 $\sigma = 0.55$，回收处理废旧产品时可获单位收益 $\gamma = 0.15$。制造商自主回收处理废旧产品时回收处理成本分别为 $r_h = 0.2$，$r_l = 0.1$。通过数值仿真，可得 μ 与 t 之间的关系图（见图 4.3）。

如图 4.3 所示，（1）委托一个回收商集体回收处理废旧产品模式下，回收商可得单位费用 t^{1*} 随着 μ 的增加而增加。结合结论 4.1，当 $c_h - c_l = 0.2$，即属于（0，1）范围时，$\partial t^{1*} / \partial \mu > 0$，即制造商生产成本差距很小

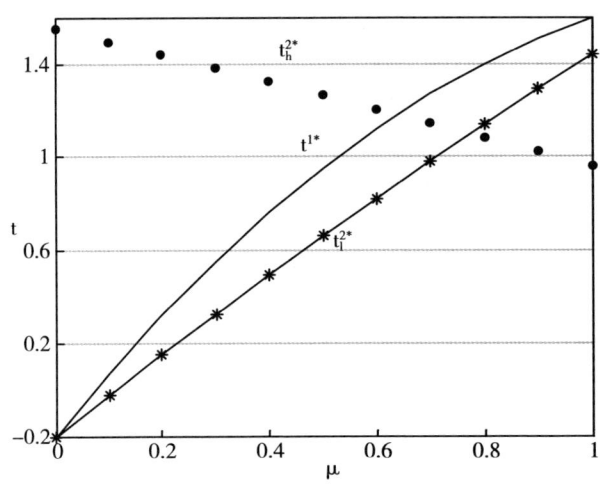

图 4.3 μ 与 t 的关系

时，回收处理价格 t^{1*} 随着 μ 的增大而增大，说明制造商差异 $(1-\mu)$ 越小，回收处理价格也越高。(2) 由制造商各自寻找回收商单独回收处理模式下，高端产品回收商所得单位回收处理费用 t_h^{2*} 随着 μ 的增加而减小，而低端产品回收商所得单位费用 t_l^{2*} 随着 μ 的增加而增加。结合结论 4.3，对于低端产品回收商来说，产品差异越小，单位回收处理费用越高，t_h^{2*} 与 t_l^{2*} 差异越小；反之，对于高端产品回收商来说，当 $\sigma - r + c_h = 0.8$，即属于 (0, 4) 范围时，$\partial t_h^{2*}/\partial\mu < 0$。此时高端产品回收净成本与生产成本较小，与低端产品差异较小，随着产品差异的进一步缩小，t_h^{2*} 越来越小。(3) 当 μ 较小，即产品替代率较小，制造商差异较大时，$t_h^{2*} > t^{1*} > t_l^{2*}$；随着 μ 的逐渐增大 $t^{1*} > t_h^{2*} > t_l^{2*}$；而当 μ 增大到一定程度时，则会出现 $t^{1*} > t_l^{2*} > t_h^{2*}$ 的现象。因此，对于回收商来说，当制造商差异较小时，更倾向于集体回收模式以提高效率，节约回收成本，并获得更高的回收处理费用；反之，则倾向于单独回收处理模式。

图 4.4 所示为 μ 与 q 的关系。在委托第三方回收商回收处理两种模式下，高端产品制造商的产量 q_h^{1*}、q_h^{2*} 总是随着 μ 的增大而减小，反之，低端产品制造商的产量 q_l^{1*}、q_l^{2*} 则随着 μ 的增大而增大。特别地，当产品差异不小，即 μ 不大时，总体满足 $q_h^{1*} > q_l^{1*}$，$q_h^{2*} > q_l^{2*}$。高端产品制造商与

低端产品制造商的产量差异越大，低端产品制造商在竞争中越处于绝对劣势，应通过革新，加大科技投入等方法来提高产品质量，提升品牌知名度与客户满意度，以缓解与扭转局面。

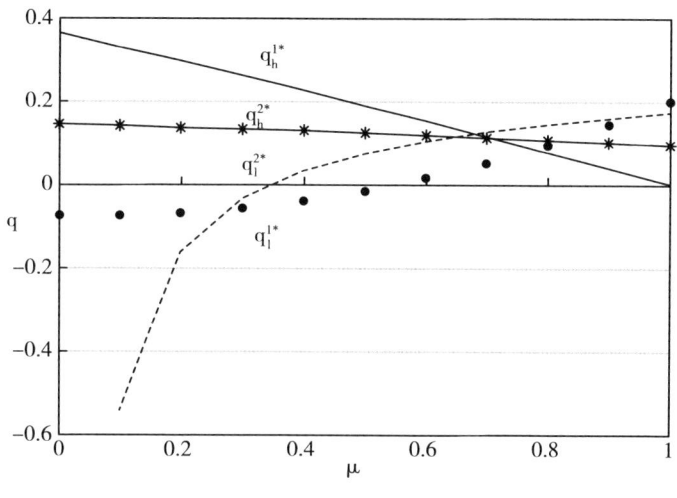

图 4.4 μ 与 q 的关系

图 4.5 分析了 4.1.2 小节三个模型下高端产品制造商的产量与 μ 的关系。在三种回收处理模式下，高端产品制造商的产量 q_h 都随着产品替代率的增大而减少。其中委托回收商单独回收处理模式下产量 q_h^{1*} 受 μ 的变化影响最大。此外，当制造商差异不是太大时，制造商自主回收模式下的产量总是大于委托第三方回收模式下的产量，即 $q_h^{3*} > q_h^{1*}$，说明在自主回收模式下对制造商来说最优。

4.1.4 小结

本节综合考虑了生产责任组织规制、制造商差异、消费者偏好和市场竞争等因素，建立了由制造商和回收商构成的 WEEE 二级逆向供应链系统，分析了以回收商为 Stackelberg 博弈领导者时逆向供应链成员面临的 WEEE 回收渠道选择问题，讨论了产品替代率对不同水平制造商和回收商决策造成的影响。此外，选取合适参数，通过数值分析进一步验证理论结果。

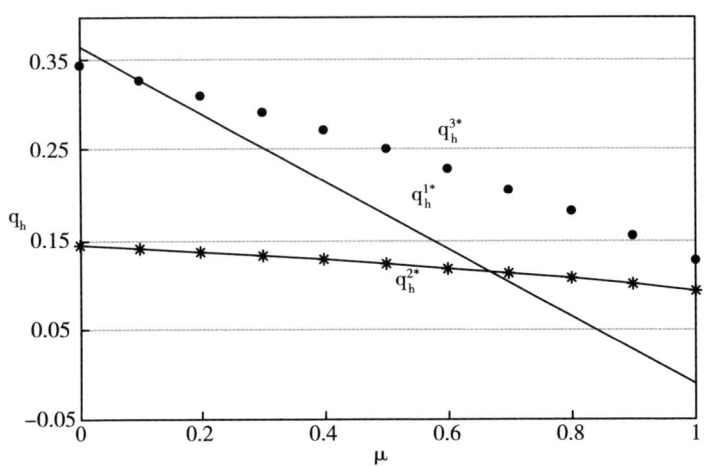

图 4.5　μ 与 q（三种模式下）的关系

研究结果表明：(1) 当制造商差异较小时，回收商更倾向于集体回收模式以提高效率，节约回收成本，并获得更高的回收处理费用；反之，则倾向于单独回收处理模式。(2) 对于制造商来说，高端产品制造商的产量与产品差异呈正相关，而低端产品制造商的产量与产品替代率呈正相关；高端产品制造商与低端产品制造商的产量差异越大，低端产品制造商在竞争中越处于绝对劣势，甚至无法获益。(3) 通过比较三种回收处理模式下高端产品制造商的产量数值，得出制造商自主回收处理模式对制造商本身来说是最优的结果；根据这个结论，现实中回收商可以通过重视制造商在回收过程中的作用，利用制造商内部资源以及外部优势，通过零售商等渠道资源回收废旧产品，减少回收处理成本，提高运作效率。

4.2　考虑环保设计的制造商自主回收模式研究

4.1 节讨论了制造商对 WEEE 回收处理的三种模式，即委托回收商集体回收处理、单独回收处理和制造商自行回收处理。本节将进一步讨论制造商自主回收处理时存在的单独回收处理责任和集体回收处理责任，分析比较制造商在 WEEE 回收条例规制下，实行有利于资源有效利用和环境保护的 DfE 选择问题。

4.2.1 模型描述

在制造商自主回收处理 WEEE 模式下,基于消费者偏好和市场竞争,两个不同水平的制造商 M_h 和 M_l 在履行 WEEE 条例,达到生产者责任组织(PROs)规定的最低回收处理率 b 时,采用"绿色制造"方式,在产品的生产制造过程中采取有利于产品再制造利用和对环境有益的绿色设计(DfE)行为。此时,以 PROs 为代表的社会决策者向制造商提供单位回收处理补贴 d,以支持和激励制造商 DfE 参与程度。本节讨论两个不同水平的制造商 M_h、M_l 在自主回收处理 WEEE 时的最优决策以及 DfE 参与程度差异。

为了便于模型的描述,首先给出相关变量和函数说明。

(1) 生产者责任组织(PROs):由政府主导,负责制定有效的 DfE 激励机制,设定最低回收比率 b,向制造商提供单位处理补贴 d。

(2) 消费者:消费者对不同制造商产品存在不同消费偏好,对高端制造商 M_h 生产制造的产品消费偏好为 v,对低端制造商 M_l 生产制造的产品消费偏好为 μv,其中 $0 \leq \mu \leq 1$,v 服从均匀分布(Atasu, 2009)。μ 表示两个制造商生产的产品替代率(Toyasaki et al., 2011),而 $(1-\mu)$ 则为制造商差异,即制造商之间品牌与产品质量等方面的差异。在给定制造商销售价格分别为 p_h 和 p_l 的情况下,消费者效用分别为 $U_h(v) = v - p_h$ 和 $U_l(v) = \mu v - p_l$,当消费者偏好 v 分别满足 $\{v \mid U_h(v) \geq 0, U_h(v) \geq U_l(v)\}$ 和 $\{v \mid U_l(v) \geq 0, U_l(v) > U_h(v)\}$ 时,消费者将分别购买高端产品和低端产品。

(3) 制造商:制造商在"绿色生产"与回收处理 WEEE 时,充分考虑产品环境属性,采用便于回收处理的原材料和有利于资源综合利用及处理的设计方案,投入 DfE 实践中。考虑一个双寡头垄断市场上存在高端产品制造商 M_h 和低端产品制造商 M_l,基于消费者偏好与市场竞争,则有 $p_h = 1 - q_h - \mu q_l$,$p_l = \mu(1 - q_h) - \mu q_l$。制造商生产成本为 c,DfE 投入程度为 e,不同水平制造商生产成本也不相同,高端产品制造商生产成本大于低端产品制造商生产成本,即满足 $c_h - c_l > 0$。假定由于实行 DfE 而带来的成本投入增加 αe^2,则此时制造商生产成本分别为 $\chi_h = c_h + \alpha e_h^2$ 和 $\chi_l = c_l + \alpha e_l^2$。同时,DfE 的投入将便于回收处理活动,令每单位 DfE 投入程度将带来 $\beta(\beta>0)$ 单位的回收处理成本的下降,则制造商回收处理成本分别为 $\lambda_h = r_h - \beta e_h$,$\lambda_l = r_l - \beta e_l$。回收处理废旧产品可获单位收益 γ,得到单位补贴 d。

为了便于模型的描述,给出相关假设如下。

(1) 制造商为完全理性,即根据自身利润最大化的原则进行决策。

(2) 制造商所生产的产品能够被完全订购和消费,即产量与销售数量和市场需求量一致。

(3) 制造商具有足够的技术水平对废旧产品进行回收处理和再制造,且再制造产品与用原材料制造的新产品同质,以相同价格在市场上销售。

(4) 回收商和处理商合并为回收商,即回收商负责同时回收和处理。

(5) 制造商风险中性,其效用与收益一致。

4.2.2 模型建立与求解

目前,WEEE 回收处理模式主要分为两大类,即委托第三方(专门回收处理机构)回收处理和制造商内部自行回收处理模式。其中后者又可分为制造商单独回收处理(单独回收责任,individual producer responsibility)和集体回收处理(集体回收责任,collective producer responsibility)两种方式。

4.2.2.1 制造商单独回收处理模式(模型Ⅰ)

首先考虑制造商单独回收处理模式的情况。在该模式下,不同制造商 M_h 和 M_l 各自独立承担废旧产品回收处理责任,并且每个制造商仅对自身产品负责,其回收处理成本也相互独立。此时,制造商各自形成内部一体化的闭环供应链,其收益由销售收益、回收处理废旧产品所产生的收益和政府提供的补贴三部分构成,而成本则有生产成本与回收处理成本两部分,具体利润函数表示为:

$$\pi_{M,h}^{I} = q_{h}^{I}[1 - q_{h}^{I} - \mu q_{l}^{I} - (c_{h} + \alpha e_{h}^{I2}) - b(r_{h} - \beta e_{h}^{I}) + b(\gamma + d)] \tag{4-47}$$

$$\pi_{M,l}^{I} = q_{l}^{I}[\mu - \mu q_{h}^{I} - \mu q_{l}^{I} - (c_{l} + \alpha e_{l}^{I2}) - b(r_{l} - \beta e_{l}^{I}) + b(\gamma + d)] \tag{4-48}$$

运用逆向归纳法，分别对式（4-47）和式（4-48）关于产量 q_{h}^{I} 和 q_{l}^{I} 求解一阶偏导数并令其为零，可得：

$$q_{h}^{I} = \frac{1 - \mu q_{l}^{I} - (c_{h} + \alpha e_{h}^{I2}) - b(r_{h} - \beta e_{h}^{I}) + b(\gamma + d)}{2} \tag{4-49}$$

$$q_{l}^{I} = \frac{\mu - \mu q_{h}^{I} - (c_{l} + \alpha e_{l}^{I2}) - b(r_{l} - \beta e_{l}^{I}) + b(\gamma + d)}{2\mu} \tag{4-50}$$

结合式（4-49）与式（4-50），可得制造商最优产量 q^{I} 关于 DfE 投入 e^{I} 的反应函数：

$$q_{h}^{I*} = [2 - \mu + b(\gamma + d) + b(r_{l} - \beta e_{l}^{I}) - 2b(r_{h} - \beta e_{h}^{I}) \\ + (c_{l} + \alpha e_{l}^{I2}) - 2(c_{h} + \alpha e_{h}^{I2})]/(4 - \mu) \tag{4-51}$$

$$q_{l}^{I*} = [\mu + b(2 - \mu)\gamma + d) - 2b(r_{l} - \beta e_{l}^{I}) + b\mu(r_{h} - \beta e_{h}^{I}) \\ - 2(c_{l} + \alpha e_{l}^{I2}) + \mu(c_{h} + \alpha e_{h}^{I2})]/[\mu(4 - \mu)] \tag{4-52}$$

根据 $p_{h} = 1 - q_{h} - \mu q_{l}$，$p_{l} = \mu(1 - q_{h}) - \mu q_{l}$，得到均衡价格 p^{I} 关于 e^{I} 的函数为：

$$p_{h}^{I*} = [2 - \mu - b(3 - \mu)(\gamma + d) + b(r_{l} - \beta e_{l}^{I}) + b(2 - \mu)(r_{h} - \beta e_{h}^{I}) \\ + (c_{l} + \alpha e_{l}^{I2}) - \mu(c_{h} + \alpha e_{h}^{I2})]/(4 - \mu) \tag{4-53}$$

$$p_{l}^{I*} = [\mu - 2b(\gamma + d) + b(2 - \mu)(r_{l} - \beta e_{l}^{I}) + b\mu(r_{h} - \beta e_{h}^{I}) \\ + (2 - \mu)(c_{l} + \alpha e_{l}^{I2}) + \mu(c_{h} + \alpha e_{h}^{I2})]/(4 - \mu) \tag{4-54}$$

将式（4-51）、式（4-52）、式（4-53）和式（4-54）代入制造商利润函数式（4-47），得到 $\pi_{M,h}^{I}$ 关于 DfE 投入 e^{I} 的反应函数并求解一阶偏导数，可得：

$$\frac{\partial \pi_{M,h}^{I}}{\partial e_{h}^{I}} = \frac{4q_{h}^{I*}(b\beta - 2\alpha e_{h}^{I2})}{4 - \mu} \tag{4-55}$$

令式（4-55）为零，得到高端制造商 DfE 投入一阶最优解为：

$$e_h^{I*} = \frac{b\beta}{2\alpha} \quad (4-56)$$

同理可得，低端制造商 DfE 投入 e_l^{I*} 表示为如下函数：

$$e_l^{I*} = \frac{b\beta}{2\alpha} \quad (4-57)$$

结论 4.6：不同水平制造商在自主单独回收模式下具有相同的 DfE 投入水平，DfE 选择与制造商品牌、产品质量等无关且不存在低端制造商"搭便车"的情况。也就是说，在该回收处理模式下，市场竞争对制造商 DfE 参与程度没有影响。

4.2.2.2 制造商集体回收处理模式（模型 II）

接下来考虑不同制造商自主回收处理 WEEE 时互相合作、集体回收废旧产品的回收处理模式。在该模式下，根据行业整体水平和回收处理技术与规模，假定不同制造商 M_h 和 M_l 承担相同的回收处理成本。此时，回收成本不仅依赖于各个制造商本身，同时受到同行业其他制造商的回收处理成本影响。该平均回收处理成本 R 表示如下：

$$R = \tau(r_h^{II} - \beta e_h^{II}) + (1-\tau)(r_l^{II} - \beta e_l^{II}) \quad (4-58)$$

其中 τ 为回收处理成本加权比例系数。

根据以上分析，结合式（4-58）以及 $p_h = 1 - q_h - \mu q_l$ 和 $p_l = \mu(1 - q_h) - \mu q_l$，得到不同制造商的利润函数分别为：

$$\pi_{M,h}^{II} = q_h^{II}[1 - q_h^{II} - \mu q_l^{II} - (c_h + \alpha e_h^{II2}) - b\tau(r_h^{II} - \beta e_h^{II})$$
$$+ (1-\tau)(r_l^{II} - \beta e_l^{II}) + b(\gamma + d)] \quad (4-59)$$

$$\pi_{M,l}^{II} = q_l^{II}[\mu - \mu q_h^{II} - \mu q_l^{II} - (c_l + \alpha e_l^{II2}) - b\tau(r_h^{II} - \beta e_h^{II})$$
$$+ (1-\tau)(r_l^{II} - \beta e_l^{II}) + b(\gamma + d)] \quad (4-60)$$

运用逆向归纳法，分别对式（4-59）和式（4-60）关于产量 q_h^{II} 和 q_l^{II} 求解一阶偏导数并令其为零，可得：

$$q_h^{II} = [1 - \mu q_l^{II} - (c_h + \alpha e_h^{II2}) - b\tau(r_h^{II} - \beta e_h^{II})$$

$$+ (1-\tau)(r_l^{\Pi} - \beta e_l^{\Pi}) + b(\gamma + d)]/2 \tag{4-61}$$

$$q_l^{\Pi} = [\mu - \mu q_h^{\Pi} - (c_l + \alpha e_l^{\Pi^2}) - b\tau(r_h^{\Pi} - \beta e_h^{\Pi})$$
$$+ (1-\tau)(r_l^{\Pi} - \beta e_l^{\Pi}) + b(\gamma + d)]/(2\mu) \tag{4-62}$$

结合式（4-61）与式（4-62），可得制造商最优产量 q^{Π} 关于 DfE 投入 e^{Π} 的反应函数：

$$q_h^{\Pi*} = \frac{2 - \mu + b(\gamma + d) - R + (c_l + \alpha e_l^{\Pi^2}) - 2(c_h + \alpha e_h^{\Pi^2})}{2} \tag{4-63}$$

$$q_l^{\Pi*} = \frac{\mu + b(2-\mu)(\gamma + d) - (2-\mu)R - 2(c_l + \alpha e_l^{\Pi^2}) + \mu(c_h + \alpha e_h^{\Pi^2})}{\mu(4-\mu)} \tag{4-64}$$

进一步计算得到均衡价格 p^{Π} 关于 e^{Π} 的函数为：

$$p_h^{\Pi*} = [2 - \mu + b(3-\mu)(\gamma + d) + (3-\mu)R + (c_l + \alpha e_l^{\Pi^2})$$
$$+ (2-\mu)(c_h + \alpha e_h^{\Pi^2})]/(4-\mu) \tag{4-65}$$

$$p_l^{\Pi*} = [\mu - 2b(\gamma + d) + 2R + (2-\mu)(c_l + \alpha e_l^{\Pi^2}) + \mu(c_h + \alpha e_h^{\Pi^2})]/(4-\mu) \tag{4-66}$$

将式（4-63）、式（4-64）、式（4-65）以及式（4-66）分别代入制造商利润函数式（4-59）和式（4-60），得到 $\pi_{M,h}^{\Pi}$ 关于 DfE 投入 e^{Π} 的反应函数并求解一阶偏导数，可得：

$$\frac{\partial \pi_{M,h}^{\Pi}}{\partial e_h^{\Pi}} = \frac{2 q_h^{\Pi*}(b\tau\beta - 4\alpha e_h^{\Pi})}{4 - \mu} \tag{4-67}$$

$$\frac{\partial \pi_{M,l}^{\Pi}}{\partial e_l^{\Pi}} = \frac{2 q_l^{\Pi*}[b(2-\mu)(1-\tau)\beta - 4\alpha e_l^{\Pi}]}{4 - \mu} \tag{4-68}$$

分别令式（4-67）和式（4-68）为零，得到两个制造商的 DfE 投入最优解为：

$$e_h^{\Pi*} = \frac{b\tau\beta}{4\alpha} \tag{4-69}$$

$$e_l^{\Pi*} = \frac{b\beta(2-\mu)(1-\tau)}{4\alpha} \tag{4-70}$$

分析式（4-68）和式（4-69），可得以下结论。

结论 4.7：$e_h^{\Pi*} = b\tau\beta/(4\alpha)$ 说明高端产品制造商 DfE 投入与制造商差异无关，不论制造商品牌与产品质量等差异如何变化，都不会影响高端产品制造商的 DfE 选择。反之，$e_l^{\Pi*} = b\beta(2-\mu)(1-\tau)/(4\alpha)$ 随着 μ 的减小而增大，也就是说，制造商差异 $(1-\mu)$ 越大，低端产品制造商对 DfE 的投入越多。在市场竞争中，高低端制造商水平差异越大，实力越悬殊，低端制造商仅靠价格竞争较难获益，从而更倾向于选择 DfE 参与竞争。

结论 4.8：$e_h^{\Pi*}$ 随着 τ 的增大而增大，$e_l^{\Pi*}$ 随着 $(1-\tau)$ 的增大而增大，而 τ 和 $(1-\tau)$ 分别表示高端产品制造商与低端产品制造商在平均回收处理成本 R 上的加权比例系数。也就是说，制造商绿色设计投入与各自在平均回收处理成本中的加权比重呈正相关关系，其加权比重越高，对平均回收处理成本的影响越大，该制造商越倾向于对 DfE 的投入。

结合 $R = \tau(r_h^\Pi - \beta e_h^\Pi) + (1-\tau)(r_l^\Pi - \beta e_l^\Pi)$，进一步分析平均回收处理成本与加权系数的关系可以得到以下结论。

结论 4.9：当 τ 增大时，$e_h^{\Pi*}$ 也随之增大，则 $\tau\beta e_h^{\Pi*}$ 也越大。说明高端产品制造商对回收处理成本影响越大，绿色设计随之投入越多，导致实施绿色设计带来的回收处理成本的下降越多，因而对整个行业平均处理回收成本的降低有较大的贡献。此时，低端产品制造商在其中所起的作用很小，却享受着与高端制造商相同的平均回收处理成本水平。因此，加权比重的增大虽然有利于激励制造商对 DfE 的投入，但是超过一定范围时将会带来"搭便车"现象，造成整个行业的低效率。

结论 4.10：当 $\tau \leq 1/2$ 时，$e_h^{\Pi*} \geq e_l^{\Pi*}$，当 $1/2 < \tau \leq 2/3$ 时，也有可能满足 $e_l^{\Pi*} \geq e_h^{\Pi*}$。结合结论 4.8 和结论 4.9，当 τ 较大时，即高端产品制造商回收处理成本权重较大时，会影响整个行业的 DfE 投入水平与整体效益。然而实际上，只有当 τ 数值很大时，$e_h^{\Pi*}$ 才会大于 $e_l^{\Pi*}$，才会提供给低端产品制造商"搭便车"的渠道。因此，从整体上来说，在制造商内部集体回收处理模式下，高端制造商相对于低端制造商仍享有更高获益的机会。

进一步比较分析制造商内部单独回收处理模式与集体回收处理模式下

各个 DfE 投入程度，结合式（4-56）、式（4-57）、式（4-69）以及式（4-70），得到以下结论。

结论 4.11：$e_h^{I*} > e_h^{II*}$，$e_l^{I*} > e_l^{II*}$，即制造商在单独回收处理模式下的 DfE 投入选择总是优于集体回收处理模式下的 DfE 参与程度。单独回收处理模式下消除了共享回收处理成本行为，各自从投入 DfE 而减少成本中获益；而集体回收处理模式下的回收处理成本不仅受到自身 DfE 努力程度的影响，还依赖于其他成员的 DfE 投入程度。无论平均回收处理成本加权比重 τ 是多少，高端产品制造商或低端产品制造商都在一定程度上从对方的 DfE 努力程度中获益，从而打击另一方的 DfE 投资积极性，导致该回收处理模式的效率下降。

4.2.3 数值分析

4.2.2 小节分别讨论了制造商自主回收处理废旧产品时单独回收责任和集体回收责任两种情况下的不同水平制造商 DfE 选择问题，得到制造商 DfE 努力程度与产品替代率 μ 以及集体回收责任下平均回收处理成本影响权重比例系数 τ 之间的关系。本节将基于两组参数对均衡结果进行数值分析，希冀得到有益结论以激励制造商参与 DfE 活动。

假设市场上存在两家生产同类产品的家电产品制造商，其品牌与产品质量等存在一定差异。相关参数值表示如下：高端产品制造商单位生产成本 $c_h = 0.4$，低端产品制造商单位生产成本 $c_l = 0.2$，在 PROs 设定的最低回收处理率 $b = 0.25$ 强制要求下，自主回收处理其废旧产品。制造商自主回收处理其废旧产品时回收处理成本分别为 $r_h = 0.2$，$r_l = 0.1$，回收处理废旧产品时可获单位收益 $\gamma = 0.15$。由于实行 DfE 带来的成本投入增加比例系数 $\alpha = 0.35$，回收处理成本减少比例系数 $\beta = 0.55$。通过数值仿真，分别得到 $\tau = 0.45$ 和 $\tau = 0.75$ 情况下 μ 与 e 之间的关系图。

根据图 4.6 与图 4.7 可知：（1）制造商自主回收处理废旧产品承担单独责任时，其 DfE 选择与制造商品牌、产品质量等差异无关且不存在低端制造商"搭便车"的情况。（2）在集体回收责任下，高端产品制造商 DfE 投入与制造商差异无关，不论制造商品牌与产品质量等差异如何变化，都不会影响高端产品制造商的 DfE 选择；而低端产品制造商 $e_l^{\mathrm{II}*}$ 则随着 μ 的增大而减小，也就是说，制造商差异（$1-\mu$）越大，低端产品制造商绿色设计投入对 DfE 的投入越多。在市场竞争中，高低端制造商水平差异越大，实力越悬殊，低端制造商仅靠价格竞争较难获益，从而更倾向于选择 DfE 参与竞争。（3）$e_h^{I*} > e_h^{\mathrm{II}*}$，$e_l^{I*} > e_l^{\mathrm{II}*}$。制造商在单独回收处理模式下的 DfE 选择总是优于集体回收处理模式下的 DfE 参与程度。

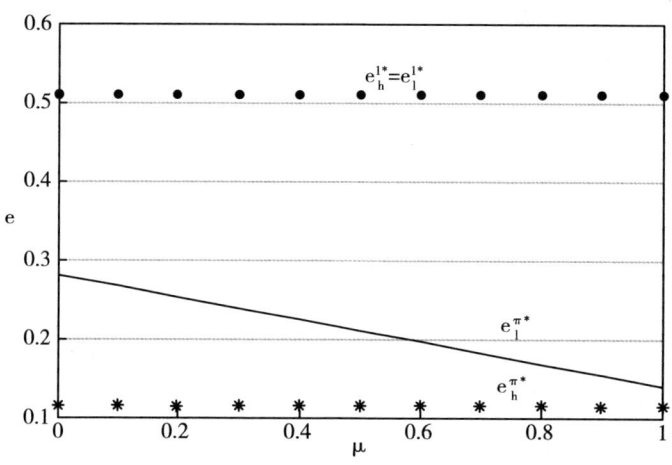

图 4.6 μ 与 e 的关系（$\tau = 0.45$）

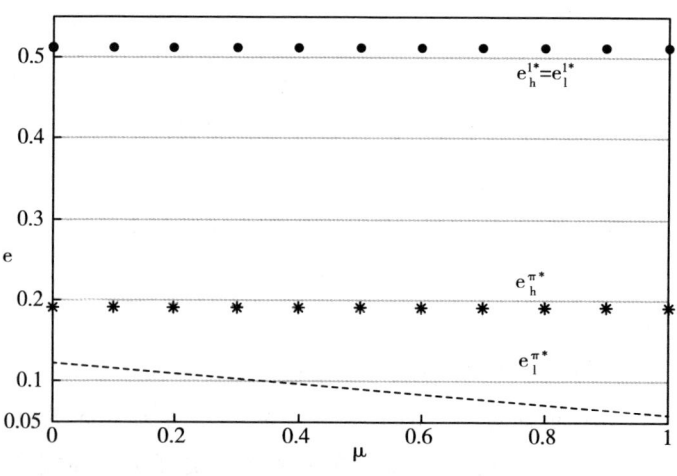

图 4.7 μ 与 e 的关系（$\tau = 0.75$）

此外，在集体回收责任下，制造商对平均回收处理成本的影响程度也对其DfE投入程度有影响。图4.6和图4.7分别分析了$\tau=0.45$和$\tau=0.75$情况下μ与e之间的关系。当平均回收处理成本加权比例系数τ较小时，$e_l^{\Pi*}>e_h^{\Pi*}$；反之，当τ数值很大时，$e_h^{\Pi*}>e_l^{\Pi*}$。因此，从整体上来说，在制造商内部集体回收处理模式下，高端制造商相对于低端制造商仍享有更高获益的机会。

4.2.4 小结

本节在考虑生产责任组织环境规制，制造商差异和消费者偏好等因素，建立了制造商自主回收处理WEEE所构成的闭环供应链模型，分析了不同水平制造商在消费者偏好、产品替代率、平均成本加权比重等因素影响下实施DfE的决策问题。主要结论简述如下。

（1）在制造商自主回收处理单独回收模式下，不同水平制造商具有相同的DfE投入水平，此时市场竞争对制造商DfE参与程度没有影响。

（2）在制造商集体回收处理模式下，高端产品制造商DfE投入与制造商差异无关，不论制造商品牌与产品质量等差异如何变化，都不会影响高端产品制造商的DfE选择。反之，低端产品制造商随着产品替代率的减小，制造商差异的增大，对DfE的投入越多。

（3）在制造商集体回收责任下，制造商绿色设计投入与各自在平均回收处理成本中的加权比重呈正相关关系，其加权比重越高，对平均回收处理成本的影响越大，该制造商越倾向于对DfE的投入。

（4）高端产品制造商对回收处理成本影响越大，绿色设计随之投入越多，导致实施绿色设计带来的回收处理成本的下降越多，因而对整个行业平均处理回收成本的降低有较大的贡献。从整体上来说，在制造商内部集体回收处理模式下，高端制造商相对于低端制造商仍享有更高获益的机会。

（5）在制造商自主回收处理废旧产品时，单独回收责任下的DfE选择总是优于集体回收责任下的DfE决策。

第 5 章

政府规制对 WEEE 逆向供应链的影响研究——以浙江省为例

如前所述,为有效推进 WEEE 逆向供应链运营与管理,需要重视两个问题:问题一:供应链系统成员间关于 WEEE 回收处理的协调策略;问题二:外部环境,即政府规制作用。对于问题一,第 2 章~第 4 章的研究基于 WEEE 逆向供应链成员协调视角展开,分析了促进 WEEE 回收处理的供应链内部协调机制以及相关实施策略。

现实中,我国 WEEE 逆向供应链尚处于发展初期,政府是推进 WEEE 逆向供应链发展的有力保障,企业是 WEEE 逆向供应链的具体实施者(He, 2006;姚凌兰等, 2012;Qu et al., 2013;Salhofer et al., 2015;Cao et al., 2016)。在发展初期,单凭 WEEE 逆向供应链系统成员的自主行为,无法实现供应链整体经济、环境和社会总效益的最大化,因此需要政府的监管及引导。鉴于此,对于问题二,第 5 章~第 6 章将基于政府规制视角,探讨政府法规和政策如何影响及推动 WEEE 逆向供应链的发展。

本章将基于 WEEE 逆向供应链发展现状,结合 WEEE 逆向供应链体系及其各方参与者的特点,通过构建政府与 WEEE 回收处理企业两方博弈模型和政府、WEEE 回收处理企业及 EEE 制造商三方博弈模型,探讨政府补贴在 WEEE 逆向供应链体系中的影响及作用。以社会福利最大化为目的,分析政府如何征收回收处理基金和提供补贴,以实现经济、环境和社会效益最大化。所得结论对于政府制订环境规制政策以及逆向供应链成员的 WEEE 回收处理活动均有一定的指导意义。

第5章 政府规制对WEEE逆向供应链的影响研究——以浙江省为例

5.1 浙江省WEEE逆向供应链发展现状分析

2003年,浙江省和青岛市被国家发改委确定成为首批国家WEEE回收处理试点省市。在随后的十几年里,各类与WEEE回收处理相关的法律法规的陆续颁布与实施,更加促使浙江省积极摸索实践WEEE有效回收处理,以求实现循环经济的大力发展和EPR制度的有效实施。本节以浙江省为例,探讨现行WEEE逆向供应链具体运作流程及模式,深入分析浙江省各WEEE回收处理主体现状及其作用。

5.1.1 浙江省WEEE逆向供应链运作流程及模式

5.1.1.1 浙江省WEEE逆向供应链运作流程

政府规制下的浙江省WEEE逆向供应链模型框架流程如图5.1所示。

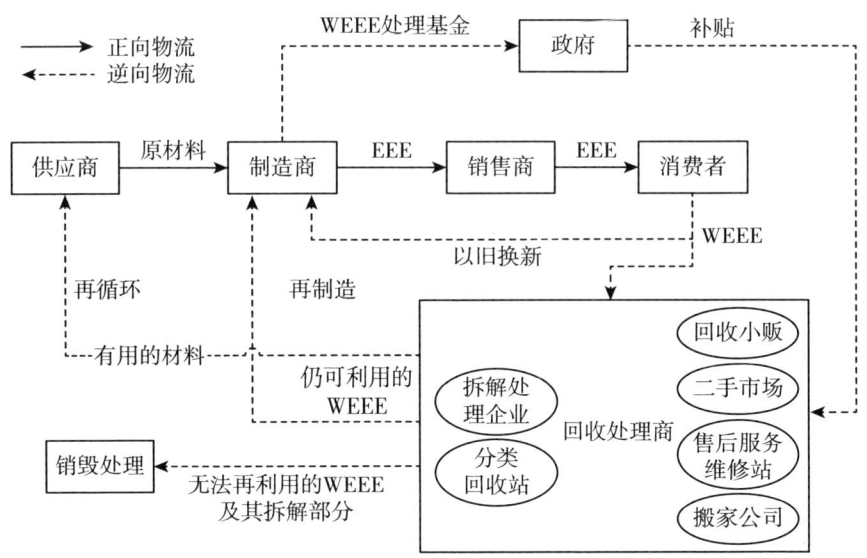

图5.1 政府规制下的浙江省WEEE逆向供应链模型框架

5.1.1.2 浙江省 WEEE 逆向供应链模式

在浙江省 WEEE 逆向供应链中，实施参与 WEEE 回收行为的主体主要包括制造商、销售商、回收商、处理商以及消费者。根据实际调查，浙江省 WEEE 逆向供应链的实际参与者为制造商（销售商）、回收商（处理商）以及消费者。浙江省 WEEE 逆向供应链的回收处理模式主要为两种方式：制造商自主回收处理模式和委托第三方回收处理模式。

（1）制造商自主回收处理模式。

如图 5.2 所示，在正向物流中，原材料供应商首先向制造商提供 EEE 生产制造所需的原材料，然后制造商生产制造 EEE，EEE 经销售商渠道交付到消费者手中。而在逆向物流中，由于信息技术的飞速发展，EEE 更新换代较快，而且 EEE 使用寿命有限，于是 EEE 变成了 WEEE。大部分 WEEE 首先由消费者通过"以旧换新"直接流向制造商，部分 WEEE 由消费者间接流向制造商（由消费者先流向销售商再流向制造商），完成回收过程。然后，制造商根据本身的专业技术处理能力，对回收的 WEEE 进行无害化处理，实现资源的有效循环利用。简而言之，在制造商自主回收处理模式下，由制造生产企业自主建立独立的 WEEE 逆向物流，自主管理与运营 WEEE 的回收处理业务，使制造商能够根据市场销售渠道洞悉产品的流向，从而快速反馈信息。而且，对制造商而言，自主回收处理本企业生产的产品有利于对 WEEE 进行准确高效的拆卸处理，节约了时间成本，在很大程度上提高了制造生产企业的经济效益。

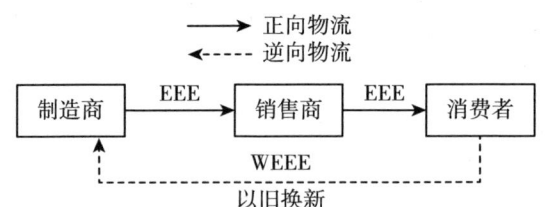

图 5.2　制造商自主回收处理模式框架

（2）第三方回收处理模式。

图 5.3 表示由专门从事 WEEE 回收的第三方企业负责 WEEE 回收处理

的模式。此时专门从事新产品的正向物流与前种回收处理模式相同,即原材料供应商首先向制造商提供 EEE 生产制造所需的原材料,然后制造商生产制造 EEE,EEE 经销售商渠道交付到消费者手中。而在逆向物流环节中,WEEE 首先由消费者流向回收商。经实际调查,浙江省内扮演回收商角色的主要包括回收小贩、二手市场、售后维修服务站和搬家公司。回收小贩是最直接与 WEEE 的回收源头消费者接触的。二手市场与售后服务站接纳来自消费者的 WEEE,并将有直接再利用价值的 WEEE 面向消费者出售。搬家公司也会从公众及家庭收购 WEEE,然后将收购来的 WEEE 销往回收小贩。游街串巷的回收小贩在负责回收来自公众及家庭的 WEEE 的同时,也从二手市场、售后服务维修站及搬家公司处收购 WEEE。小贩将能够继续使用的 WEEE 重新销往二手市场,而将无法继续使用的 WEEE 初步拆解后出售给分类回收站。在拆解处理环节,各分类回收站兼任了回收商与拆解处理商的角色。它们从回收小贩及售后服务维修站处收购未拆解或已初步拆解的 WEEE,并对其做进一步的拆解处理。拆解处理后,有再利用价值的材料将由专业的拆解处理企业、材料生产制造商或 EEE 制造商进行收购。对无再利用价值的材料,分类回收站与专业的拆解处理企业将对其进行处置。因此在本章的流程框架以及模型构建过程中,将回收商与拆解处理商合并称为回收商,以便于说明和模型推导。

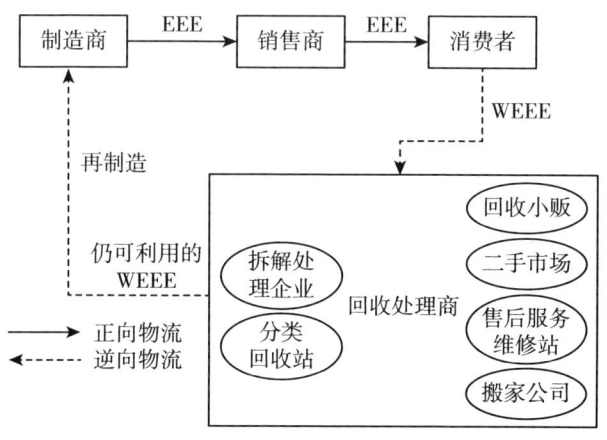

图 5.3 第三方回收处理模式框架

在第三方回收处理模式下，WEEE 的回收处理活动由专门的回收处理企业执行，不仅避免了制造商建立回收系统的相关成本，而且降低了逆向物流的管理成本，同时有利于第三方回收处理企业和逆向物流公司的发展，实现多方共赢和整个物流产业的长远发展。

5.1.2 浙江省 WEEE 回收处理各类主体现状

5.1.2.1 以旧换新

在浙江省乃至全国，EEE 制造商及销售商对于其生产产品的定期"以旧换新"活动是 WEEE 在逆向物流中流动的途径之一。2009 年，为提高能源资源利用效率、减少环境污染，同时应对国际金融危机、进一步扩大内需，中国开始在北京、上海、浙江等 9 个省市试点实施家电"以旧换新"政策，涉及的产品主要是"四机一脑"包括电视机、电冰箱、洗衣机、空调和电脑（包括台式机和笔记本）等 5 类。在活动中，凡是交售上述 5 类 WEEE 并购买新产品的消费者，均可获得新产品销售价格 10% 的补贴。家电"以旧换新"政策对消费者进行补贴，推动了 WEEE 的回收，对中标回收企业进行运费补贴，推动了中国新的 WEEE 回收体系的形成。以社区回收站和商场"以旧换新"为代表的回收形式逐渐成为主流。由此，在短短的两年半时间里，在全国范围内，以制造商和销售商为主的、规模化的、多渠道的、新的 WEEE 回收体系初步形成，中国 WEEE 回收处理行业逐渐以个体作坊式为主向规范化、规模化和产业化转型。在 2012 年 1 月至 6 月期间，除了北京、上海、天津等少数省区市延续半年至一年外，家电"以旧换新"活动基本结束，全国范围内的 WEEE 回收处理量锐减，回收率骤降。

经过对浙江省内 11 家 EEE 销售连锁商店（如国美电器、苏宁电器、中国移动公司等）的调查得知，在国家"以旧换新"政策（2009 年起至 2011 年止）结束之后的两年多时间中，浙江省内 EEE 销售商及制造商推出的"以旧换新"活动平均每年仍进行 2~3 次，每次持续时间在一周左右。活动主要由销售商提供场地与平台，销售商将回收来的 WEEE 运送回 EEE 制造商处，由产品制造商决定将 WEEE 自行拆解利用或出售给正规的专业拆解处理企业。由于目前"以旧换新"活动的成本远远超过了出售这些 WEEE 所得的利润，因此销售商与制造商都将此活动作为一种品牌宣传的方式。即通过"以旧换新"活动来宣传自身的售后服务，吸引、激励更多的消费者前往商场购买相关的产品。

5.1.2.2 回收小贩

回收小贩，是目前浙江省 WEEE 回收的主力军。回收小贩主要通过走街串巷、上门收购、就地成交等方式收购 WEEE。根据调查发现，目前省内回收小贩大多是无证经营，多聚集在人流密集处，他们从家庭或企业手中直接收购 WEEE，拥有稳定的客户来源。部分小贩通过向小区或企业的物业支付一定数额承包费用的方式，垄断一定地理范围内的 WEEE 回收，承包费用在每月 1500 元左右。40% 的回收小贩知晓网上的 WEEE 回收交易市场，但考虑到价格因素及便捷程度，并不会选择使用网络平台。居民与小贩联系较为密切，多为老客户。若有 WEEE 需要处理，居民除了随机选择沿街叫卖的小贩之外，也会电话联系相熟的小贩。小贩每月大约能回收大型电器（四机一脑等）10 台，小型电器（手机、相机等）10~20 台（在承包区域内的小贩回收量更高一些），回收价格根据品牌和规格不同会在一定范围内波动。回收价格范围详见表 5.1。

表 5.1　　　　　回收小贩收购 WEEE 种类及价格　　　　　单位：元

WEEE 种类	手机	电瓶车	冰箱	电视机	空调	电脑	洗衣机
价格	30~100	50~100	100~800	50~200	200~4000	50~500	50~200

对于收购得到的 WEEE，小贩主要采取三类处理方式：（1）对于还能继续使用的 WEEE，小贩们会转售至二手市场，每台能获得 10~50 元不等的净利润。（2）对于无法继续使用的 WEEE，小贩们先将其手工拆解，之后将拆解出的金属、压缩机、塑料等比较有价值的材料分类出售给不同的资源回收站点。对于分类材料的售价，2014 年浙江省平均值：铁为 0.35 元/公斤，铜为 6 元/公斤。（3）对于无法继续使用且无法拆解的部分，小贩们会直接卖给资源回收站点，或者随意丢弃。由于目前浙江省内从事 WEEE 回收的私人小贩的劳动技能与教育水平普遍较低，故他们对于 WEEE 的处理及拆解也较为不正规，有些处理方式，如直接丢弃、暴力拆

解等,都会对人身及环境造成一定的伤害。

另外,目前 WEEE 回收小贩的每月净收入在 2000～5000 元不等,低于目前我国个人所得税起征点 5000 元,而目前政府对 WEEE 回收小贩并没有任何政策扶持,受访小贩大多希望能够获得政府补贴。

5.1.2.3 二手市场

作为 WEEE 的回收商及销售商,二手市场主要负责 WEEE 的回收,以及 WEEE 简单修理后的再销售环节。在浙江省范围内的二手市场规模各不相同,一般小型的二手市场多回收手机、相机等小型电子产品,大型二手市场多以回收大家电为主,回收小型电器为辅。二手市场中 WEEE 的来源渠道包括个人、家庭及企业,约半数的二手市场经营者有固定的客户客源,绝大多数经营者也愿意进行上门回收。其收购量根据 WEEE 类型及规模大小从每年几百台到 1000 台不等,回收价格视 WEEE 的种类、新旧、大小、功率、品牌而定,而每件回收处理后收取的利润也不一,小到几十元,大到几百元。据调查,浙江省内二手市场经营者的平均月收入在 5000元左右。而由于二手市场需要有固定的地点,因此二手市场的经营者需要支付房租、物业水电费等费用。目前他们每年的经营成本(包括房租、物业水电费等)普遍已超过 3 万元。

对于收购得到的 WEEE,二手市场经营者主要采取两类处理方式:(1)对于能直接继续使用或经过简单维修即可继续使用的 WEEE,经营者经过简单处理与维修即可在在二手市场上出售。(2)对于维修之后仍无法继续使用的 WEEE,经营者会将其出售给回收小贩或回收公司。此外,只有极少数的二手市场经营者会对回收来的 WEEE 进行自行拆解,并通过出售有用的零部件、元件及材料获利。24% 的二手市场经营者知晓网上的 WEEE 回收交易市场,但考虑到操作不便捷、网络信息安全隐患等因素,多数二手市场经营者不会选择网络平台交易。当被问及对政府行为与相关政策的了解程度时,二手市场经营者普遍反映目前并未得到政府的相关政策扶持、补助,希望能够出台有利于 WEEE 回收的政策。

目前浙江省的 WEEE 二手市场尚处初级阶段,还有一半左右的二手市场经营者没有固定的客户来源渠道,因而经营并不稳定,甚至有时一个月无法回收一台 WEEE。同时，二手市场的宣传与激励力度欠佳，许多公众及家庭对将 WEEE 出售给二手市场没有兴趣。而二手市场在对废弃的、无法继续使用的 WEEE 的处理上，也存在着诸多不规范。另外，下一级回收商的选择，流程都具有不确定性，多数二手市场经营者仍选择回收小贩这种不正规的方式进行 WEEE 的处置。

5.1.2.4 其他回收商

除回收小贩与二手市场之外，扮演回收商角色的还有售后服务维修站、搬家公司等。售后服务维修站在为消费者提供售后维修服务的同时，也扮演着 WEEE 逆向供应链中回收者的角色。在我们早期调研的 21 家售后服务维修站中，冰箱、空调等大家电的售后维修站占据了 76%，余下 24% 为手机、相机等小型 EEE 的售后维修站。由于售后维修站以维修各种 EEE 为主营项目，因而收购 WEEE 的渠道主要是消费者在接受维修服务时，将不维修就无法继续使用 WEEE 出售给维修人员或维修站点。因而每个售后维修站平均的回收数量仅为每月 1~2 台，回收价格视 WEEE 的新旧、大小、性能、品牌等因素而定。据调查，浙江省内售后服务维修站工作人员的人均收入在每月 5000 元左右，其中大部分为维修收取的人工服务费，出售 WEEE 所得的收入所占比例不到 5%。对于收购得到的 WEEE，售后服务维修站主要采取两类处理方式：（1）对于维修之后能继续使用的 WEEE，将其维修后进行二次销售。介于售后服务维修站在出售维修后的 EEE 时，会向消费者提供大于或等于 1 年的产品保修服务，因此该类 WEEE 在回收处理前后所得的利润可达 500~1000 元。（2）对于维修之后仍无法继续使用的 WEEE，将其出售给 WEEE 回收商。值得一提的是，由于维修人员多为经过专业培训的技术人员，因此约 75% 的售后服务维修站都会对该类 WEEE 进行初步的拆解，并将拆解后的 WEEE 出售给正规的废旧物资回收公司。但该类 WEEE 所得利润仅为每台几十元。

搬家公司在专门为企业及家庭等消费者提供搬家服务之时，会回收到部分 WEEE。消费者出售给搬家公司的 WEEE 多为电扇、微波炉等小型家电，这与消费者所考虑的便捷性因素有关。而对于空调、冰箱及手机等大型家电及电子产品，消费者则更倾向于自行处置。每个搬家公司每月平均可回收 5 台 WEEE，且大多数这类 WEEE 都是消费者无偿赠予的。对于收购到的 WEEE，搬家公司的主要处理方式为不经拆解直接出售给回收小贩，也有 40% 的 WEEE 会无偿赠予搬家公司的工作人员，以作为某种意义上的员工福利。

5.1.2.5 拆解处理商

浙江省的 WEEE 拆解处理商主要分为两类：正规拆解处理企业和正规危废处理企业。所谓正规企业，是指具有专业的回收和拆解设备、具有规范的处理流程、在 WEEE 处理过程中对环境和人体无危害或危害极小的、被国家认可并授予处理资质的企业，其余的企业就被称为非正规企业，如采用原始工艺的小作坊。正规拆解处理企业中的 WEEE 主要来源于所在市以及周边市的分类回收站、各级政府部门、大型企业等。每个企业均有针对每类电器的专门的处理流水线和专业的处理人员。企业有专门的管理信息系统用于记录企业的进货类别、数量、来源以及处理后材料的数量和去向。管理信息系统的设立是获取政府补贴的必要条件，在方便企业管理的同时，也便于政府对企业 WEEE 处理数量的审核。据初步统计，早期调研的浙江省内三家拆解处理公司年处理能力总计约 350 万台/年，而 2015 年的实际处理量总额为 182 万台，这意味着其实际处理量仅占其实际处理能力的一半左右。

正规危废处理企业主要处理制造商在生产过程中产生的对环境危害比较严重的固体废物。正规企业会付费将这些危废品交给危废处理企业进行处理。早期调研的位于杭州市的危废处理企业具有手动和自动相结合的废电池回收流水线、废线路板拆解流水线等专业流水线，此外还有配套粉尘处理设备、隔音消音车间 2 套。杭州市的两家正规拆解处理企业产生的 WEEE 危废物质均会被送至此处进行集中处理。

需要特别指出的是，除了进入正规企业或渠道进行处理的 WEEE 外，其他的未闲置在家的、不能修复使用的 WEEE 进入了非正规企业或渠道。这些非正规企业很多集中在广东省的贵屿、山东省的临沂和江西省的赣州等地。浙江省的台州地区曾经也有一些非正规企业，但主要处理国外的 WEEE。从目前来看，在政府规制下，非正规 WEEE 处理企业逐渐减少。

5.1.2.6 分类回收站

分类回收站兼具了 WEEE 回收商及拆解处理商的特点。一方面，大量的回收小贩将未拆解的 WEEE 出售给作为回收商的分类回收站；另一方面，部分回收小贩及售后服务维修站将初步拆解之后的 WEEE 出售给分类回收站，以备 WEEE 的进一步拆解与分类，此时分类回收站即扮演着重要的拆解处理商的角色。在浙江，分类回收站大多以连锁加盟的形式存在，且不同的分类回收站对回收的材料也各有侧重。有的回收站倾向于回收铁、铜、铝等金属材料，有的回收站重点回收纸质材料及塑料。

关于回收渠道，基本上所有的分类回收站都有固定的回收渠道，这里的渠道既指机构、企业，也指个人。据调查，有 39% 的分类回收站负责人表示尽管知晓网上存在 WEEE 回收交易市场，但基本没有回收站选择使用网络平台进行回收交易。对于收购得到的 WEEE 及拆解出的材料，分类回收站主要采取三类处理方式：(1) 对于已拆解的 WEEE 及相应材料，回收站在进行打包整理之后，直接出售至本省范围内的材料生产制造企业（如杭州钢铁集团公司、浙江中强建工集团等）。(2) 对于未拆解的 WEEE，回收站负责将其进行拆解，并同收购来的其他材料一起出售给本省范围内的材料生产制造企业。(3) 对未拆解的 WEEE，也可不进行拆解，直接输送给广东、江苏等地的 WEEE 集散地进行集中处理。

2012 年以来，由于国家在 WEEE 回收方面的鼓励政策略有缩减（例如"以旧换新"活动的结束），多数回收站的经营业绩始终处于下滑状态。而单凭国家对于鼓励回收站点正规化所发放的站点装修补贴，WEEE 回收市场难以回暖。以浙江杭州最大的废品回收连锁公司申奇公司为例，仅在 2013 年 7 月就关闭了二十多家连锁加盟店。同时，浙江省内分类回收站内工作人员的人均收入在每月 2000~3000 元不等，这也体现了浙江省回收站工作人员的整体质量不高的现状。而工作人员的素质则直接关系着回收站点对 WEEE 的拆解与分类的科学合理性。值得指出的好现象是，资源连锁回收总公司对其下加盟的回收站会有统一标准。这一标准对加盟站点的店面装修、拆解方式、处理过程等方面都有一定要求。而加盟站点越规范，其吸引的上下游企业就越多，就能为其带来更好的经济效益。因此大部分加盟站点出于自身利益的考虑,会积极响应总公司的要求,这也为 WEEE 的科学回收与处理及公众生活环境的保护奠定了一定的基础。

5.2 政府规制对制造商自主回收处理模式的影响研究

基于 5.1 节对浙江省 WEEE 逆向供应链发展的现状分析,本节构建政府与制造商构成的 Stackelberg 博弈模型,探讨政府规制对逆向供应链决策的影响;以社会福利最大化为目标,分析政府如何基于制定 WEEE 处理基金征收及补贴标准以使得社会总福利达到最优。

5.2.1 模型描述

构建由政府与单个制造商组成的 Stackelberg 博弈模型,如图 5.4 所示。其中政府是领导者,制造商是跟随者。首先,政府以社会总福利最大化为目标,制订 WEEE 处理基金征收和补贴发放的标准,即一方面通过对制造商根据 EEE 的生产销售量征收单位产品处理基金 f,另一方面对其自主回收处理 WEEE 给予补贴 s,从而激励制造商履行生产者社会责任。再次,

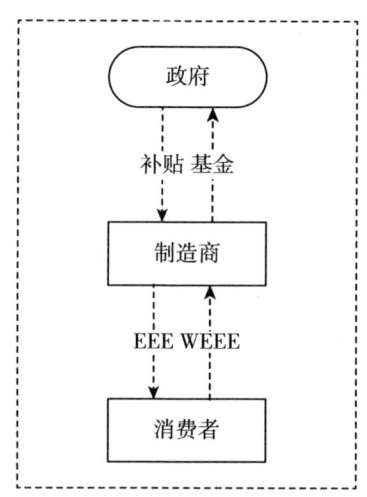

图 5.4 制造商自主回收处理模型框架图示

制造商以自身利益最大化为原则,决定 EEE 的销售量和销售价格以及 WEEE 的回收价格和回收量。最后采用逆向归纳法进行计算,对结果进行分析。

为便于 Stackelberg 博弈模型的建立,首先给出问题研究的相关定义如下。

(1) 政府:政府为制造商设计有效的激励机制,使其更积极投入 WEEE 回收处理活动中。本节在建立模型时,基于政府采取财政激励措施,考虑政府对制造商生产销售 EEE 征收 WEEE 处理基金,以保证其履行生产者延伸责任,同时对其自主回收处理 WEEE 给予补贴,增加制造商自主回收处理 WEEE 的积极性。设 f 为政府对制造商生产销售的单位 WEEE 处理基金标准,s 为政府对其回收处理单位 WEEE 的补贴额。基于图 5.4 的模型框架,假设政府的目标函数为社会总福利 π_{sw},主要包括 4 个要素:制造商利润 π_m、消费者剩余 π_c、政府收益 π_g 以及环境收益 π_e。

(2) 制造商:在制造商自主回收处理模式下,制造商在对 EEE 进行正向配送操作的同时,自主承担 WEEE 的逆向回收工作和回收处理责任。假设制造商决定 EEE 的销售量为 q_m,EEE 的销售价格为 p_m,且销售价格 p_m 与销售量为 q_m 之间呈线性负相关,表示为 $p_m = \alpha - \beta q_m$,其中 $\alpha > 0$,$\beta > 0$,α 表示 EEE 的最高销售价格,β 表示消费者对 EEE 销售价格的敏感度。假设制造商根据销售数量按照每台 f 元的标准向管理部门缴纳 WEEE 处理基金,制造商的单位生产销售成本为 c_m,$c_m > 0$。

同时,制造商向消费者回收 WEEE 并进行处理,根据实际回收处理的 WEEE 数量,可获得每台 s 元的政府补贴。假设制造商的最低回收量为 q_0,q_0 越大,表明制造商的环保意识越强烈,更加愿意履行其延伸责任。假设 WEEE 的回收价格为 p_r,且回收价格 p_r 与回收量 q_r 之间呈线性正相关,表示为 $q_r = q_0 + \mu p_r$,其中 $\mu > 0$,μ 表示消费者对 WEEE 回收价格的敏感度。假设制造商单位回收处理成本为 c_r。

为便于问题的阐述和分析,提出以下模型假设。

(1) 制造商完全理性,即制造商根据自身利润最大化的原则进行决策。

(2) 制造商兼顾了销售商的角色,制造商所生产销售的产品能够被消费者完全订购和消费,即生产销售数量和市场需求量一致。

(3) 市场上产生的 WEEE 默认只能由制造商自主进行回收处理,也就是说,制造商不仅参与 EEE 的生产制造,而且参与 WEEE 的回收处理。但是,不考虑制造商对 WEEE 的再制造情况。

(4) 制造商生产销售 EEE,根据生产销售的 EEE 数量向政府缴纳 WEEE 处理基金,同时制造商回收处理 WEEE,根据回收处理的 WEEE 数量,获得政府提供的补贴。

(5) 为便于计算,模型构建中假设生产、销售、使用和报废 EEE 会污染环境,而回收 WEEE 不会污染环境。

5.2.2 模型建立与求解

5.2.2.1 制造商最优决策

根据模型相关定义可得制造商的利润函数为:

$$\pi_m = q_m(p_m - c_m - f) + q_r(s - p_r - c_r) \quad (5-1)$$

因为 $\frac{\partial^2 \pi_m}{\partial q_m^2} = -2\beta < 0$,$\frac{\partial^2 \pi_m}{\partial p_m^2} = -\frac{2}{\beta} < 0$,令 $\frac{\partial \pi_m}{\partial q_m} = 0$,$\frac{\partial \pi_m}{\partial p_m} = 0$,得到制造商博弈均衡时的最优销售量 q_m^* 和销售价格 p_m^* 分别为:

$$q_m^* = \frac{\alpha - c_m - f}{2\beta} \quad (5-2)$$

$$p_m^* = \frac{\alpha + c_m + f}{2} \quad (5-3)$$

根据式 (5-2) 和式 (5-3),易得结论 5.1。

结论 5.1:EEE 的市场需求量 q_m 的高低与逆需求函数参数 α 正相关,与逆需求函数参数 β、政府征收的单位 WEEE 回收处理费用 f 以及制造商的单位生产销售成本 c_m 负相关;EEE 的市场价格 p_m 与逆需求函数参数 α、政府征收的单位 WEEE 回收处理费用 f 以及制造商的单位生产销售成本 c_m 均线性正相关。

因为 $\frac{\partial^2 \pi_m}{\partial p_r^2} = -2\mu < 0$,$\frac{\partial^2 \pi_m}{\partial q_r^2} = -\frac{2}{\mu} < 0$,令 $\frac{\partial \pi_m}{\partial p_r} = 0$,$\frac{\partial \pi_m}{\partial q_r} = 0$,得到制

造商自主回收模式下博弈均衡时的最优回收价格 p_r^* 和回收量 q_r^* 分别为：

$$p_r^* = \frac{\mu(s - c_r) - q_0}{2\mu} \quad (5-4)$$

$$q_r^* = \frac{\mu(s - c_r) + q_0}{2} \quad (5-5)$$

根据式（5-4）和式（5-5），易得结论5.2。

结论5.2：WEEE 的市场回收价格 p_r 与政府向制造商发放的单位补贴 s、WEEE 的需求函数参数 μ 正相关，与 WEEE 的需求函数参数 q_0、制造商的单位回收处理成本 c_r 负相关；WEEE 的市场回收量 q_r 与 WEEE 的需求函数参数（q_0, μ）、政府向制造商发放的单位补贴 s 正相关，制造商自身的单位回收处理成本 c_r 负相关。

将式（5-2）、式（5-3）、式（5-4）、式（5-5）代入式（5-1），得到制造商博弈均衡时的利润函数为：

$$\pi_m^* = \frac{(\alpha - c_m - f)^2}{4\beta} + \frac{[\mu(s - c_r) + q_0]^2}{4\mu} \quad (5-6)$$

分别求式（5-2）、式（5-3）和式（5-6）关于处理基金 f 的一阶导数：

$\frac{\partial q_m^*}{\partial f} = -\frac{1}{2\beta} < 0$，$\frac{\partial p_m^*}{\partial f} = \frac{1}{2} > 0$，$\frac{\partial \pi_m^*}{\partial f} = \frac{f - \alpha + c_m}{2\beta}$。因为 $q_m^* = \frac{\alpha - c_m - f}{2\beta} > 0$，有 $\alpha - c_m - f > 0$，则 $\frac{\partial \pi_m^*}{\partial f} < 0$。

结论5.3：政府对制造商征收 WEEE 处理基金，引起 EEE 销售价格上升，EEE 的销售量下降，导致制造商的利润减少。

分别求式（5-4）、式（5-5）关于补贴 s 的一阶导数：

$\frac{\partial p_r^*}{\partial s} = \frac{1}{2} > 0$，$\frac{\partial q_r^*}{\partial s} = \frac{d}{2} > 0$，$\frac{\partial \pi_r^*}{\partial s} = \frac{\mu(s - c_r) + q_0}{2}$。

因为 $q_r^* = \frac{\mu(s - c_r) + q_0}{2} > 0$，则 $\frac{\partial \pi_r^*}{\partial s} > 0$。

结论5.4：政府向制造商发放 WEEE 回收处理补贴，使制造商更愿意向消费者支付更高的 WEEE 回收价格，导致其回收的 WEEE 数量增加，制造商的利润增加。

5.2.2.2 政府最优决策

基于本节给出的模型框架,假设政府的目标函数为社会总福利 π_{sw},主要包括4个要素:制造商利润 π_m、消费者剩余 π_c、政府收益 π_g 和环境收益 π_e。则 π_{sw} 可以表示为:

$$\underset{f,s \geq 0}{\text{Max}} \pi_{sw} = \pi_m + \pi_c + \pi_g + \pi_e \qquad (5-7)$$

已求得制造商利润 π_m,则还需要求消费者剩余 π_c、政府收益 π_g 以及环境收益 π_e。

(1) 消费者剩余。

如图 5.5 所示,在本模型中存在两个交易市场,即消费者购买 EEE 和消费者卖出 WEEE,则消费者剩余函数可表示为:

$$\pi_c = \frac{1}{2}\beta q_m^2 + p_r q_r - \frac{1}{2}\mu p_r^2 \qquad (5-8)$$

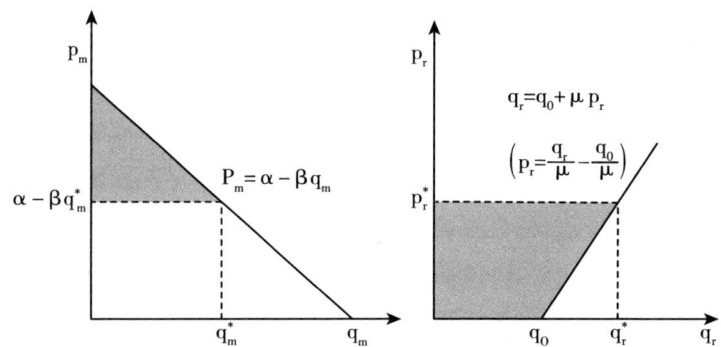

图 5.5 制造商销售 EEE 以及回收 WEEE 分别产生的消费者剩余

将式 (5-2)、式 (5-3)、式 (5-4) 和式 (5-5) 代入式 (5-8),得到博弈均衡时的消费者剩余为:

$$\pi_c^* = \frac{(\alpha - c_m - f)^2}{8\beta} + \frac{[\mu(s - c_r) - q_0][\mu(s - c_r) + 3q_0]}{8\mu} \qquad (5-9)$$

分别求 π_c^* 关于处理基金 f 和补贴 s 的一阶导数,可得:$\dfrac{\partial \pi_c^*}{\partial f} = \dfrac{f + c_m - \alpha}{4\beta}$,

$$\frac{\partial \pi_c^*}{\partial s} = \frac{\mu(s - c_r) + q_0}{4}。$$

因为 $q_m^* = \frac{\alpha - c_m - f}{2\beta} > 0$，有 $\alpha - c_m - f > 0$，则 $\frac{\partial \pi_c^*}{\partial f} = \frac{f + c_m - \alpha}{4\beta} < 0$；因为 $q_r^* = \frac{\mu(s - c_r) + q_0}{2} > 0$，则 $\frac{\partial \pi_c^*}{\partial s} = \frac{\mu(s - c_r) + q_0}{4} > 0$。

结论 5.5：政府向制造商征收 WEEE 处理基金，导致 EEE 的销售价格上升，消费者的购买力下降，消费者剩余减少；政府向制造商发放 WEEE 回收处理补贴，促使制造商提高回收价格，消费者参与 WEEE 回收的积极性提高，消费者剩余提高。

（2）环境收益。

设生产、销售、使用和报废 EEE 造成的环境污染成本为 E 且 E > 0，而没有被回收的 WEEE 造成的环境污染成本为 e 且 e > 0，则环境收益函数可表示为：

$$\pi_e = -Eq_m - e(q_m - q_r) \qquad (5-10)$$

将式（5-2）和式（5-5）代入式（5-10），有 $\frac{\partial \pi_e^*}{\partial f} = \frac{E + e}{2\beta} > 0$，$\frac{\partial \pi_e^*}{\partial s} = \frac{\mu e}{2} > 0$。

结论 5.6：政府向制造商征收 WEEE 处理征收基金，导致制造商生产销售的 EEE 数量下降，从而达到减少环境污染的目的；政府向制造商发放 WEEE 处理补贴，激励制造商回收处理更多的 WEEE，也可以减少环境污染。

（3）政府收益。

设政府收益 $\pi_g = fq_m - sq_r$，fq_m 表示政府征收的 WEEE 处理基金总额，sq_r 表示政府发放的补贴总额。

将式（5-2）和式（5-5）代入 π_g，有 $\frac{\partial \pi_g^*}{\partial f} = -\frac{1}{\beta} < 0$，$\frac{\partial \pi_g^*}{\partial s} = -\mu < 0$。

结论 5.7：政府同时向制造商征收 WEEE 处理基金、发放补贴，政府的收益不断减少，这可以从侧面反映出了一个国家的政府是否具有环保意识和综合实力。只有具有环保意识和财政实力的政府才更加愿意以财政形式激励 WEEE 回收利用。

（4）社会总福利。

为求政府的目标函数 $\text{Max}\pi_{sw}$，将制造商博弈均衡时的最优销售量 q_m^* 和最优销售价格 p_m^*，最优回收价格 p_r^* 和最优回收量 q_r^* 分别代入式（5-7），可得：

$$\text{Max}_{f,s\geq 0}\pi_{sw}^* = q_m^*(p_m^* - c_m - f) + q_r^*(s - p_r^* - c_m)$$
$$+ \left(\frac{1}{2}\beta q_m^{*2} + p_r^* q_r^* - \frac{1}{2}\mu p_r^{*2}\right) + fq_m^* - sq_r^* - Eq_m^* - e(q_m^* - q_r^*)$$
$$(5-11)$$

设社会总福利最大情况下的政府最优双重经济政策为 (f^*, s^*)。

为求此时 π_{sw}^* 的最优化问题，令拉格朗日函数 $l = \pi_{sw}^* + \lambda\pi_g^*$，则有：

$$l = \pi_{sw}^* + \lambda\pi_g^* = \pi_m^* + \pi_c^* + (1+\lambda)\pi_g^* + \pi_e^*$$
$$= q_m^*(p_m^* - c_m - f) + q_r^*(s - p_r^* - c_m)$$
$$+ \left(\frac{\beta q_m^{*2}}{2} + p_r^* q_r^* - \frac{\mu p_r^{*2}}{2}\right) + (1+\lambda)(fq_m^* - sq_r^*) - Eq_m^* - e(q_m^* - q_r^*)$$
$$(5-12)$$

其中 λ 为拉格朗日乘子，则该优化问题的 K-T 条件，在最优点处 (f^*, s^*)，存在 $\lambda\geq 0$，使以下方程组成立：

$$\begin{cases} \dfrac{\partial l(f^*, s^*)}{\partial f^*} = 0 \\ \dfrac{\partial l(f^*, s^*)}{\partial s^*} = 0 \\ \dfrac{\partial l(f^*, s^*)}{\partial \lambda} = 0 \\ \lambda(fq_m - sq_r) = 0 \end{cases} \quad (5-13)$$

在实际管理中，政府征收的 WEEE 处理基金并不是全部用来发放补贴，还存在 WEEE 回收处理平台建设、系统维护和管理费等问题，因此政府收益存在盈余，即 $\pi_g = fq_m - sq_r > 0$，此时有 $\lambda = 0$，代入方程组（5-13）中，可以得到政府最优基金征收标准 f^* 和补贴标准 s^* 分别为：

第5章 政府规制对 WEEE 逆向供应链的影响研究——以浙江省为例

$$f^* = c_m - \alpha + 2e + 2E \qquad (5-14)$$

$$s^* = 2e - c_r + \frac{q_0}{\mu} \qquad (5-15)$$

根据 $\dfrac{\partial^2 \pi_{sw}^*}{\partial f^2} = -\dfrac{1}{4\beta} < 0$，$\dfrac{\partial \pi^{sw}}{\partial f^*} = 0$，可得结论 5.8。

结论 5.8：当 $f \in (0, f^*)$ 时，社会总福利是关于处理基金的增函数，即政府征收处理基金越多，社会总福利越多；当 $f \in (f^*, \infty)$ 时，社会总福利是关于处理基金的减函数，即政府征收处理基金越多，社会总福利反而减少；当 $f = f^*$ 时，社会福利达到最大值。

根据 $\dfrac{\partial^2 \pi_{sw}^*}{\partial s^2} = -\dfrac{\mu}{4} < 0$，$\dfrac{\partial \pi^{sw*}}{\partial s} = 0$，可得结论 5.9。

结论 5.9：当 $s \in (0, s^*)$ 时，社会总福利是关于补贴的增函数，即政府给予制造商的补贴越多，社会总福利越多；当 $s \in (s^*, \infty)$ 时，社会总福利是关于补贴的减函数，即政府补贴给制造商越多，社会总福利反而减少；当 $s = s^*$ 时，社会福利达到最大值。

分别求 $\dfrac{\partial f^*}{\partial c_m}$、$\dfrac{\partial f^*}{\partial \alpha}$、$\dfrac{\partial f^*}{\partial E}$ 和 $\dfrac{\partial f^*}{\partial e}$，可得结论 5.10。

结论 5.10：制造商每减少一个单位的生产销售成本 c_m，其需要缴纳的处理基金 f 也减少一个单位；制造商应该在生产制造过程中，采用环保设计并革新技术，以减少 EEE 和 WEEE 共同造成的环境污染成本（E + e），每减少一个单位的环境污染成本，其需要缴纳的处理基金 f 可以减少 2 个单位；EEE 的生产销售成本过高或生产销售量过大，对环境的污染越大，政府为了消除 EEE 和 WEEE 给环境带来的负影响，需要向制造商征收的处理基金越多。

分别求 $\dfrac{\partial s^*}{\partial e}$、$\dfrac{\partial s^*}{\partial c_r}$、$\dfrac{\partial s^*}{\partial q_0}$ 和 $\dfrac{\partial s^*}{\partial \mu}$，可得结论 5.11。

结论 5.11：政府发放的补贴标准 s 的高低与未被回收的 WEEE 造成的环境污染成本 e、制造商的最低 WEEE 回收量 q_0 呈线性正相关，与制造商的单位回收处理成本为 c_r、消费者对 WEEE 回收价格的敏感度 μ 呈负相关；不能回收的 WEEE 每增加一个单位，政府就要向制造商多发放 2 个单位的补贴 s。因此，政府更应该鼓励制造商生产制造环保产品，以期减少未被回收的 WEEE 造成的环境污染成本 e，这样未被回收的 WEEE 也不会产生较高的污染成本；如果消费者对 WEEE 回收价格的敏感度较高或者制造商自主回收处理 WEEE 的成本较高时，政府可以制订较低的补贴标准。

5.2.3 数值分析

5.2.2 小节建立了以政府为领导者、制造商为跟随者的 Stackelberg 博弈模型，求解得到了使社会总福利最大化的政府的最优决策（f^*, s^*）。为了进一步说明本节模型的有效性，参考以往文献，并结合浙江省 WEEE 逆向供应链的运作实践，以手机为例，进行数值仿真分析。相关参数赋值如表 5.2 所示。

表 5.2　　　　　　　　　相关参数赋值

α	β	q_0	μ	E	e	f	s
3000	0.01	5000	100	500	20	0~100	0~200

采用 MATLAB 软件仿真得到社会总福利与单位处理基金 f 以及单位补贴 s 之间的关系如图 5.6 所示。社会总福利在（40，80）处达到最大值

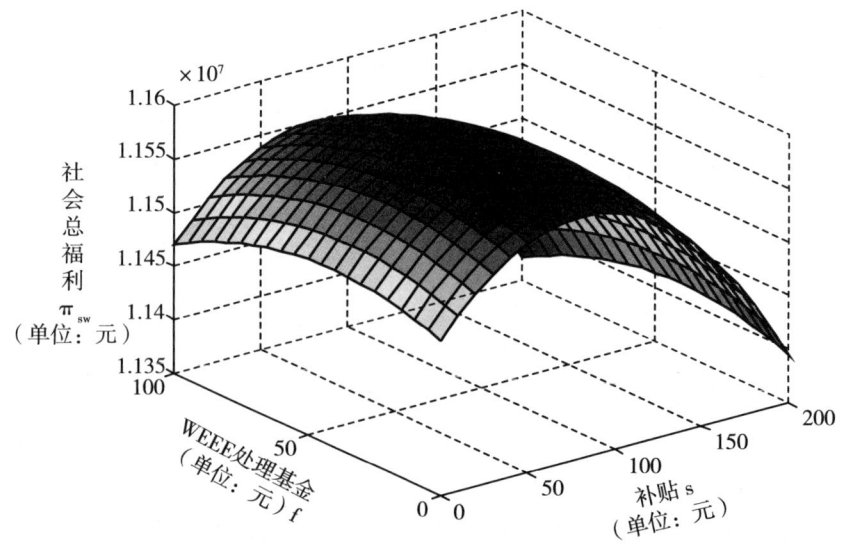

图 5.6　社会总福利 π_{sw} 与处理基金 f 以及补贴 s 的关系

11595000≈1.16×10^7 元。当 f∈(0,40) 时,社会总福利随处理基金 f 的增加而增加;当 f∈(40,100) 时,社会总福利随处理基金 f 的增加而减少。当 s∈(0,80) 时,社会总福利随补贴 s 的增加而增加;当 s∈(80,200) 时,社会总福利随补贴 s 的增加而减少。所得结果与结论 5.8 和结论 5.9 相吻合。

5.2.4 小结

EPR 制度要求生产者参与产品的回收利用,制造商自主回收处理模式是 WEEE 逆向供应链的重要形式,政府规制对推动 EPR 制度的实施更是具有重要的引导作用。本节构建了仅由政府与制造商组成的 Stackelberg 博弈模型,以社会总福利最大化为目标,计算得到政府最优的基金征收和补贴标准。并基于模型均衡解,分析了基金征收和补贴对制造商、消费者以及社会总福利带来的影响。本节主要研究结论概述如下。

(1) 得到 EEE 的销售价格与销售量和政府基金征收之间的关系,分析了政府征收 WEEE 处理基金对制造商决策的影响(结论 5.1、结论 5.3)。

(2) 得到 WEEE 的回收价格与回收量和政府补贴之间的关系,分析了政府发放补贴对制造商进行自主回收处理决策的影响(结论 5.2、结论 5.4)。

(3) 分析了政府基金征收和补贴对消费者剩余、环境收益和政府收益的影响(结论 5.5、结论 5.6、结论 5.7)。

(4) 得到了政府最优基金征收标准和补贴标准,分析了两者对社会总福利的影响(结论 5.8、结论 5.9)。

(5) 分析了影响 WEEE 处理基金征收和补贴的因素,由于处理基金的征收和补贴受多个因素影响,决策者应该综合考虑(结论 5.10、结论 5.11)。

此外,本节还通过数值仿真讨论了处理基金的征收与补贴和社会总福利之间的关系。结果表明,政府同时向制造商征收的处理基金和发放的补贴越多并不能使社会总福利增加得越多,社会总福利存在一个最大值。政府相关部门在实际操作中应该综合考量各种因素(如 EEE 生产销售企业的生产销售成本、EEE 生产销售对环境的污染程度、WEEE 回收处理成本、EEE 生产销售企业的环保意识强弱），来制订 WEEE 处理基金征收和补贴发放的标准。以上结论对 EPR 制度实施过程中政府相关规制政策的制定以及浙江省 WEEE 逆向供应链成员企业运营战略的实施具有很好的借鉴意义。

5.3 政府规制对第三方回收处理模式的影响研究

本节构建由政府、制造商和回收处理商构成的 Stackelberg 博弈模型，探讨政府规制对逆向供应链决策的影响；以社会福利最大化为目标，分析政府如何基于制订 WEEE 处理基金征收及补贴标准以使社会总福利达到最优。

5.3.1 模型描述

本节构建由政府与单个制造商和单个回收处理商三者共同组成的 Stackelberg 博弈模型，如图 5.7 所示。在该 Stackelberg 博弈模型中，政府是领导者，制造商和回收处理商是跟随者。首先，政府以社会福利最大化为目标，制订 WEEE 处理基金征收和补贴发放的标准，即一方面通过对制造商根据 EEE 的生产销售量征收单位产品处理基金 f，约束生产者社会责

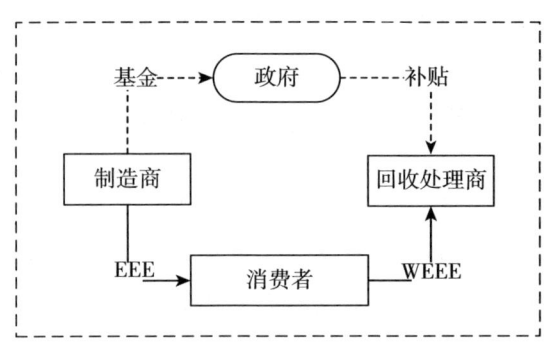

图 5.7　第三方回收处理模型框架图示

任;另一方面针对回收处理商回收处理 WEEE 处理量给予补贴 s,从而激励回收处理商对 WEEE 回收处理的有效实施。其次,制造商以自身利益最大化为原则,决定 EEE 的销售量和销售价格。再次,回收处理商为了获得自身最大利润,做出 WEEE 回收价格和回收量决策。最后,采用逆向归纳法进行计算,对结果进行分析。

为便于 Stackelberg 博弈模型的建立,给出问题研究的相关定义如下。

(1) 政府:在实际 WEEE 逆向供应链运营中,政府为了树立企业环保意识,通常建立合理的规章制度以反映当前生产者社会责任(包括生产环境环保安全、废弃物达标排放等)。基于政府采取财政激励措施,考虑政府对制造商生产销售的 EEE 征收 WEEE 处理基金,对回收处理商回收处理的 WEEE 给予补贴,从而使回收处理商更有动力进行 WEEE 回收处理,为制造商进行产品再制造提供保障。设 f 为政府向制造商征收的单位产品的回收处理费用,s 为政府向回收处理商发放的单位 WEEE 处理补贴。基于本节给出的模型框架,假设政府的目标函数社会总福利 Π_{SW} 主要包括 5 个要素:①制造商利润 Π_M;②回收处理商利润 Π_R;③消费者剩余 Π_C;④政府收益 Π_G;⑤环境收益 Π_E。

(2) 制造商:制造商是确保 EPR 制度有效实施的主要参与者,根据自身生产销售的 EEE 数量向政府缴纳 WEEE 回收处理基金,以履行其社会责任。在本节的模型构建中,假设制造商决定 EEE 的销售量为 Q_M,EEE 的销售价格为 P_M,且销售价格 P_M 与销售量 Q_M 之间呈线性负相关,表示为 $P_M = a - bQ_M$,其中 $a > 0$,$b > 0$,a 表示 EEE 的最高销售价格,b 表示消费者对 EEE 销售价格的敏感度。假设制造商根据销售数量按照每台 f 元的标准向管理部门缴纳 WEEE 处理基金,制造商的单位生产销售成本为 C_M。

(3) 回收处理商:假设回收处理商向消费者回收处理 WEEE,根据实际回收处理的 WEEE 数量,可获得每台 s 元的政府补贴。假设 WEEE 的回收价格为 P_R,回收量为 Q_R,且回收价格 P_R 与回收量 Q_R 之间呈线性正相关,表示为 $Q_R = q + dP_R$,其中 $q > 0$,$d > 0$,q 是回收价格为 0 时,消费者自愿无偿向回收处理商投放 WEEE 的数量,q 越大,表明消费者的环保意识越强烈,d 表示消费者对 WEEE 回收价格的敏感度。假设回收处理商的单位运营成本为 C_R。

为便于问题的阐述和分析,提出以下模型假设。

(1) 制造商和回收处理商都是完全理性的,均根据自身利润最大化原则决策。

(2) 制造商兼顾销售商的角色,制造商所生产销售的产品能够被消费者完全消费,即生产销售量与市场需求量一致。

(3) 为简化模型,在本节中回收商和处理商合并为回收处理商,即回收处理商负责同时回收和处理 WEEE。

(4) 市场上产生的 WEEE 默认只能由回收处理(即第三方)进行回收处理,制造商仅参与 EEE 的生产制造,而不参与 WEEE 的回收处理。

5.3.2 模型建立与求解

基于前面第三方回收处理模型中政府与企业之间的博弈问题,本节建立一个二阶段规划模型。第一阶段:政府以社会总福利最大化为目标,得到政府均衡解 f^* 和 s^*。第二阶段:在政府给定 f 和 s 的情况下,制造商制订最优 EEE 销售价格 P_M^* 和最有销售量 Q_M^*;回收处理商选择 WEEE 的最优回收价格 P_R^* 和最优回收量 Q_R^*。

5.3.2.1 制造商最优决策

制造商的利润函数为:

$$\Pi_M = Q_M(P_M - C_M - f) \tag{5-16}$$

因为 $\frac{\partial^2 \Pi_M}{\partial Q_M^2} = -2b < 0$,$\frac{\partial^2 \Pi_M}{\partial P_M^2} = -\frac{2}{b} < 0$,令 $\frac{\partial \Pi_M}{\partial Q_M} = 0$,$\frac{\partial \Pi_M}{\partial P_M} = 0$,得到制造商博弈均衡时的最优销售量 Q_M^* 和最优销售价格 P_M^* 分别为:

$$Q_M^* = \frac{a - C_M - f}{2b} \tag{5-17}$$

$$P_M^* = \frac{a + C_M + f}{2} \tag{5-18}$$

将式(5-17)和式(5-18)代入式(5-16),得到制造商博弈均衡时的利润函数为：

$$\Pi_M^* = \frac{(a - C_M - f)^2}{4b} \quad (5-19)$$

根据式（5-17）和式（5-18），易得结论 5.12。

结论 5.12：EEE 的市场需求量 Q_M 的高低与逆需求函数参数（a 的值）正相关，与逆需求函数参数（b 的值）、政府征收的单位 WEEE 回收处理费用 f 以及制造商的单位生产销售成本 C_M 负相关；EEE 的市场价格 P_M 与逆需求函数参数（a 的值）、政府征收的单位 WEEE 回收处理费用 f 以及制造商的单位生产销售成本 C_M 均呈线性正相关。

分别求式（5-17）、式（5-18）和式（5-19）关于 WEEE 处理基金 f 的一阶导数，可得：$\frac{\partial Q_M^*}{\partial f} = -\frac{1}{2b} < 0$，$\frac{\partial P_M^*}{\partial f} = \frac{1}{2} > 0$，$\frac{\partial \Pi_M^*}{\partial f} = \frac{f - a + C_M}{2b}$。因为 $Q_M^* = \frac{a - C_M - f}{2b} > 0$，则 $\frac{\partial \Pi_M^*}{\partial f} < 0$。

结论 5.13：政府对制造商征收 WEEE 处理基金 f，引起 EEE 销售价格 P_M 上升，EEE 的销售量 Q_M 下降，导致制造商的利润 Π_M 减少。而且政府每多征收一个单位的处理基金 f，制造商的 EEE 销售价格 P_M 会增加 0.5 个单位，EEE 的销售量 Q_M 会减少 $1/(2b)$ 个单位。

5.3.2.2 回收处理商最优决策

根据模型相关定义可得，回收处理商的利润函数为：

$$\Pi_R = Q_R(s - P_R - C_R) \quad (5-20)$$

因为 $\frac{\partial^2 \Pi_R}{\partial P_R^2} = -2d < 0$，$\frac{\partial^2 \Pi_R}{\partial Q_R^2} = -\frac{2}{d} < 0$，令 $\frac{\partial \Pi_R}{\partial P_R} = 0$，$\frac{\partial \Pi_R}{\partial Q_R} = 0$，得到回收处理商博弈均衡时的最优回收价格 P_R^* 和最优回收量 Q_R^* 分别为：

$$P_R^* = \frac{d(s - C_R) - q}{2d} = \frac{s - C_R}{2} - \frac{q}{2d} \quad (5-21)$$

$$Q_R^* = \frac{d(s - C_R) + q}{2} \quad (5-22)$$

将式 (5-21) 和式 (5-22) 代入式 (5-20)，得到回收处理商博弈均衡时的利润函数为：

$$\Pi_R^* = \frac{[d(s-C_R)+q]^2}{4d} \quad (5-23)$$

根据式 (5-21) 和式 (5-22)，易得结论 5.14。

结论 5.14：WEEE 的市场回收价格 P_R 与政府向回收处理商发放的单位补贴 s、WEEE 的需求函数参数 d 正相关，与 WEEE 的需求函数参数 q、回收处理商的单位运营成本 C_R 负相关；WEEE 的市场回收量 Q_R 与 WEEE 的需求函数参数（q，d）、政府向回收处理商发放的单位补贴 s 正相关，回收处理商自身的单位运营成本 C_R 负相关。

分别求式 (5-21)、式 (5-22) 和式 (5-23) 关于补贴 s 的一阶导数得到：$\frac{\partial P_R^*}{\partial s} = \frac{1}{2} > 0$，$\frac{\partial Q_R^*}{\partial s} = \frac{d}{2} > 0$，$\frac{\partial \Pi_R^*}{\partial s} = \frac{d(s-C_R)+q}{2}$。由 $Q_R^* = \frac{d(s-C_R)+q}{2} > 0$，可得 $\frac{\partial \Pi_R^*}{\partial s} > 0$。

结论 5.15：政府向回收处理商发放补贴，使回收处理商更加有意愿向消费者支付更高的价格来回收 WEEE，从而使 WEEE 的回收量增加，WEEE 的回收率提高，回收处理商的利润增加。此外，政府每向回收处理商多发放一个单位的补贴 s，WEEE 的市场回收价格 P_R 会增加 0.5 个单位，WEEE 的市场回收量 Q_R 会增加 d/2 个单位。

5.3.2.3 政府最优决策

基于本节给出的模型框架，假设政府的目标函数社会总福利 Π_{SW} 主要包括 5 个要素：①制造商利润 Π_M；②回收处理商利润 Π_R；③消费者剩余 Π_C；④政府收益 Π_G；⑤环境收益 Π_E。则 Π_{SW} 可以表示为：

$$\max_{f,s \geq 0} \Pi_{SW} = \Pi_M + \Pi_R + \Pi_C + \Pi_G + \Pi_E \quad (5-24)$$

已求得制造商利润 Π_M 和回收处理商利润 Π_R，则还需要求消费者剩余 Π_C、政府收益 Π_G 以及环境收益 Π_E。

消费者剩余函数可以表示为：

$$\Pi_C = \frac{bQ_M^2}{2} + P_R Q_R - \frac{dP_R^2}{2} \qquad (5-25)$$

将式（5-17）、式（5-18）、式（5-21）和式（5-22）代入式（5-25），得到博弈均衡时的消费者剩余为：

$$\Pi_C^* = \frac{(a - C_M - f)^2}{8b} + \frac{[d(s - C_R) - q][d(s - C_R) + 3q]}{8d} \qquad (5-26)$$

分别求 Π_C^* 关于处理基金 f 和补贴 s 的一阶导数，可得：$\frac{\partial \Pi_C^*}{\partial f} = \frac{f + C_M - a}{4b}$，$\frac{\partial \Pi_C^*}{\partial s} = \frac{d(s - C_R) + q}{4}$。由 $Q_M^* = \frac{a - C_M - f}{2b} > 0$，$Q_R^* = \frac{d(s - C_R) + q}{2} > 0$，可得 $\frac{\partial \Pi_C^*}{\partial f} < 0$，$\frac{\partial \Pi_C^*}{\partial s} > 0$。

结论 5.16：政府向制造商征收 WEEE 处理基金，使制造商成本提高，导致 EEE 的销售价格上升，消费者的购买力下降，消费者剩余减少；政府向回收处理商发放补贴，回收处理商提高 WEEE 的回收价格，从而激励消费者参与 WEEE 回收，消费者剩余提高。

制造商销售 EEE 以及回收处理商回收 WEEE 产生的消费者剩余如图 5.8 所示。

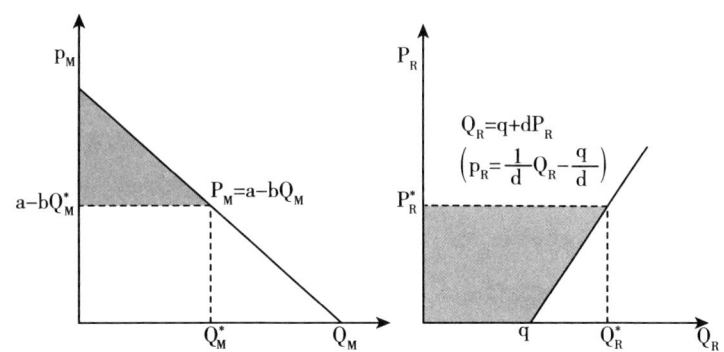

图 5.8 制造商销售 EEE 以及回收处理商回收 WEEE 产生的消费者剩余

对于环境效益的求解，设生产、销售、使用和报废 EEE 造成的环境污染成本为 E 且 E > 0，而没有被回收的 WEEE 造成的环境污染成本为 e 且 e > 0，则环境收益函数可表示为：

$$\Pi_E = -EQ_M - e(Q_M - Q_R) \qquad (5-27)$$

将式（5-17）和式（5-22）代入式（5-27），有 $\dfrac{\partial \Pi_E^*}{\partial f} = \dfrac{E+e}{2b} > 0$，$\dfrac{\partial \Pi_E^*}{\partial s} = \dfrac{de}{2} > 0$。

结论 5.17：政府向制造商征收 WEEE 处理基金，导致制造商生产销售的 EEE 数量下降，环境污染减少；政府向回收处理商发放 WEEE 处理补贴，促使回收处理商回收的 WEEE 数量增加，也减少了环境污染。

设政府收益 $\Pi_G = fQ_M - sQ_R$，fQ_M 表示政府征收的 WEEE 处理基金总额，sQ_R 表示政府发放的补贴总额。

将式（5-17）和式（5-22）代入 Π_G，有 $\dfrac{\partial \Pi_G^*}{\partial f} = -\dfrac{1}{b} < 0$，$\dfrac{\partial \Pi_G^*}{\partial s} = -d < 0$。

结论 5.18：政府向制造商征收 WEEE 处理基金，向回收处理商发放补贴，导致政府的收益不断减少，这可以从侧面反映出政府是否具有环保意识和综合实力。只有具有环保意识和财政实力的政府才更加愿意以财政手段激励 WEEE 回收循环利用。

5.3.2.4 社会总福利

为求社会总福利，将制造商博弈均衡时的最优销售量 Q_M^* 和最优销售价格 P_M^*，回收处理商博弈均衡时的最优回收价格 P_R^* 和回收量 Q_R^* 分别代入式（5-24），可得：

$$\underset{f,s \geq 0}{\text{Max}} \Pi_{SW}^* = Q_M^*(P_M^* - C_M - f) + Q_R^*(s - P_R^* - C_M) + \left(\dfrac{bQ_M^{*2}}{2} + P_R^* Q_R^* - \dfrac{dP_R^{*2}}{2} \right) + fQ_M^* - sQ_R^* - EQ_M^* - e(Q_M^* - Q_R^*) \qquad (5-28)$$

设社会总福利最大情况下的政府最优双重经济政策为 (f^*, s^*)。

为求此时 Π_{SW}^* 的最优化问题，令拉格朗日函数 $L = \Pi_{SW}^* + \lambda \Pi_G^*$，可得：

$$L = \Pi_{SW}^* + \lambda \Pi_G^* = \Pi_M^* + \Pi_R^* + \Pi_C^* + (1+\lambda)\Pi_G^* + \Pi_E^*$$

$$= Q_M^*(P_M^* - C_M - f) + Q_R^*(s - P_R^* - C_M)$$
$$+ \left(\frac{bQ_M^{*2}}{2} + P_R^* Q_R^* - \frac{dP_R^{*2}}{2}\right) + (1+\lambda)(fQ_M^* - sQ_R^*) - EQ_M^* - e(Q_M^* - Q_R^*)$$

$$(5-29)$$

其中 λ' 为拉格朗日乘子，则该优化问题的 K-T 条件，在最优点处 (f^*, s^*)，存在 $\lambda' \geq 0$，使以下方程组成立：

$$\begin{cases} \dfrac{\partial L(f^*, s^*)}{\partial f^*} = 0 \\ \dfrac{\partial L(f^*, s^*)}{\partial s^*} = 0 \\ \dfrac{\partial L(f^*, s^*)}{\partial \lambda'} = 0 \\ \lambda'(fQ_M - SQ_R) = 0 \end{cases} \quad (5-30)$$

由于政府在实际管理中，征收的 WEEE 处理基金并不是全部用来发放补贴，还存在 WEEE 回收处理平台建设、系统维护和管理费等问题，因此政府收益存在盈余，即 $\Pi_G = fQ_M - sQ_R > 0$，此时有 $\lambda' = 0$，代入方程组（5-30）中，可以得到政府最优基金征收标准 f^* 和补贴标准 s^* 分别为：

$$f^* = C_M - a + 2e + 2E \quad (5-31)$$

$$s^* = 2e - C_R + \frac{q}{d} \quad (5-32)$$

由 $\dfrac{\partial^2 \Pi_{SW}^*}{\partial f^2} = -\dfrac{1}{4b} < 0$，$\dfrac{\partial \Pi_{SW}^*}{\partial f} = 0$，可得结论 5.19。

结论 5.19：当 $f \in (0, f^*)$ 时，社会总福利是关于处理基金的增函数，即政府征收处理基金越多，社会总福利越多；当 $f \in (f^*, \infty)$ 时，社会总福利是关于处理基金的减函数，即政府征收处理基金越多，社会总福利反而减少；当 $f = f^*$ 时，社会福利达到最大值。

由 $\dfrac{\partial^2 \Pi_{SW}^*}{\partial s^2} = -\dfrac{d}{4} < 0$，$\dfrac{\partial \Pi_{SW}^*}{\partial s} = 0$，可得结论 5.20。

结论 5.20：当 $s \in (0, s^*)$ 时，社会总福利是关于补贴的增函数，即政府给予回收处理商的补贴越多，社会总福利越多；当 $s \in (s^*, \infty)$ 时，社会总福利是关于补贴的减函数,即政府给予回收处理商的补贴越多,社会总福利反而减少;当 $s = s^*$ 时,社会福利达到最大值。

进一步分析可得结论 5.21~结论 5.23。

结论 5.21:对政府而言,EEE 的生产销售成本过高或生产销售量过大,对环境污染就会很严重,政府为了减少 EEE 和 WEEE 给环境带来的负面影响,可以向制造商提高处理基金的征收标准;不能回收的 WEEE 每增加一个单位,政府就要多发放 2 个单位的补贴 s。因此,政府更愿意鼓励制造商在生产制造过程中采用环保设计,以期减少未被回收的 WEEE 造成的污染成本 e。如果消费者对 WEEE 回收价格的敏感度较高或者回收处理商的回收处理成本较高时,政府可以制订较低的补贴标准。

结论 5.22:对制造商而言,制造商每减少一个单位的生产销售成本 C_M,其需要缴纳的处理基金 f 也减少一个单位。制造商通过改良生产工艺,每减少一个单位 EEE 造成的环境污染成本 E 或者未被回收的 WEEE 造成的污染成本 e,其需要缴纳的处理基金 f 将减少 2 个单位。

结论 5.23:对回收处理商而言,回收处理商通过改良专业技术处理能力,减少自身的运营成本,其能够获得的补贴 s 也会增加。

5.3.3 数值分析

5.3.2 小节建立了以政府为领导者、制造商和回收处理商为跟随者的 Stackelberg 双层规划模型,求解得到了使社会总福利最大化的政府的最优决策(f^*, s^*)。与 5.2.3 小节相同,为了进一步说明本节模型的有效性,参考以往文献,并结合浙江省 WEEE 逆向物流的运作实践,以笔记本电脑为例,进行数值仿真分析。相关参数赋值如表 5.3 所示。

表 5.3　　　　　　　　相关参数赋值

a	b	q	d	E	e	f	s
6500	0.01	5600	80	500	30	0~200	0~200

采用 MATLAB 软件仿真得到社会总福利与单位处理基金 f 以及单位补贴 s 之间的关系如图 5.9 所示。社会总福利在(60, 110)处达到最大值

$11105000 \approx 1.11 \times 10^7$（元）。当 $f \in (0, 60)$ 时，社会总福利随处理基金 f 的增加而增加；当 $f \in (60, 200)$ 时，社会总福利随处理基金 f 的增加而减少。当 $s \in (0, 110)$ 时，社会总福利随补贴 s 的增加而增加；当 $s \in (110, 200)$ 时，社会总福利随补贴 s 的增加而减少。所得结果与结论5.19和结论5.20相吻合。

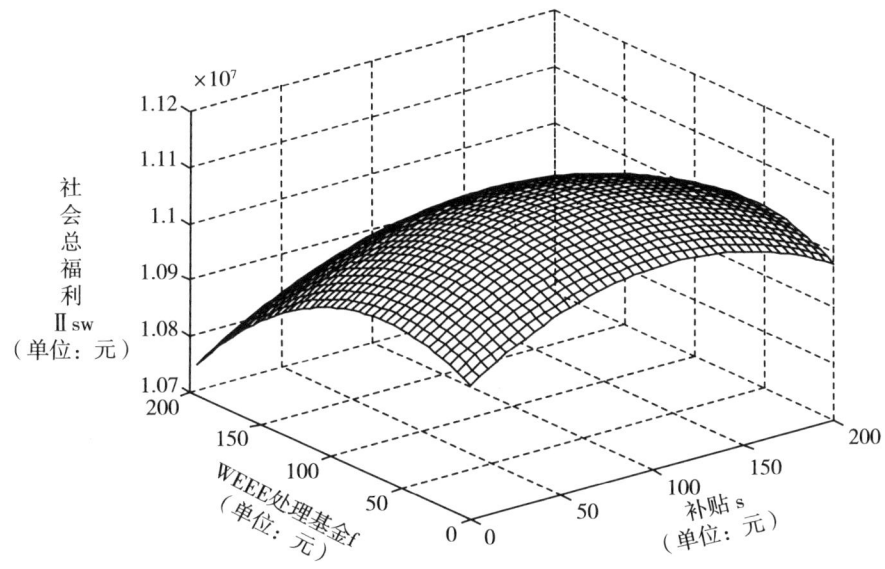

图5.9 社会总福利 Π_{SW} 与处理基金 f 以及补贴 s 的关系

5.3.4 小结

政府规制对推动 EPR 制度的实施具有重要引导作用。本节构建了由政府与单个制造商和单个回收处理商三者共同组成的 Stackelberg 博弈模型，结合现行的 WEEE 回收管理办法，在社会总福利最大化目标下，计算出政府最优的基金征收和补贴标准。并基于模型均衡解，分析了基金征收和补贴对制造商、回收处理商、消费者以及社会总福利带来的影响。主要研究结论概述如下：

（1）得到 EEE 的销售价格与销售量和政府基金征收之间的关系，分析了政府征收 WEEE 处理基金对制造商决策的影响（结论5.12、结论5.13）。

(2) 得到 WEEE 的回收价格与回收量和政府补贴之间的关系，分析了政府发放补贴对回收处理商决策的影响（结论 5.14、结论 5.15）。

(3) 分析了政府基金征收和补贴对消费者剩余、环境收益和政府收益的影响（结论 5.16、结论 5.17、结论 5.18）。

(4) 得到了政府最优基金征收标准和补贴标准，分析了两者对社会总福利的影响（结论 5.19、结论 5.20）。

(5) 分析了影响 WEEE 处理基金征收和补贴的因素，说明了政府、制造商和回收处理商如何从各自角度出发制定决策（结论 5.21、结论 5.22、结论 5.23）。

此外，本书还通过数值分析讨论了社会总福利与政府征收处理基金和补贴之间的关系。结果表明，政府同时向制造商征收的处理基金越多或是向回收处理商发放的补贴越多，并不代表社会总福利增加得越多。在一定范围内，社会总福利存在一个最大值。政府相关部门在实际操作中应该综合考量各种因素（如 EEE 生产销售企业的生产销售成本、EEE 生产销售对环境的污染程度、WEEE 回收处理企业的运营成本、消费者的环保意识强弱），来制订 WEEE 处理基金征收和补贴发放的标准。以上结论对 EPR 制度实施过程中政府相关规制政策的制定以及浙江省 WEEE 逆向供应链参与者运营战略的实施具有很好的借鉴意义。

第 6 章

WEEE 回收模式创新及政府激励机制研究

根据前面的研究，WEEE 逆向供应链运营及政府规制对减少环境负面影响，提高资源利用效率，实现社会的可持续发展，均有一定的推动作用。其中，WEEE 回收活动是逆向供应链运作的基础，因此，WEEE 回收体系的创新发展成为逆向供应链运作研究的主要内容，也是解决目前"回收难"现状的主要途径。鉴于此，本章将重点探讨政府规制下 WEEE 回收模式创新以及政府相关激励机制设计。首先基于 WEEE 回收处理现状，提出四种创新型回收模式，对比分析其优劣；其次，以"第三方集成网络平台模式"为例，探讨政府补贴对 WEEE 回收决策的影响；最后，研究"第三方集成网络平台模式"下 WEEE 回收政府激励机制设计。

6.1 WEEE 回收模式创新研究

6.1.1 国内废旧电子产品回收现状

WEEE 每年都在以 10% 的速度递增，如此大的报废量同时也意味着巨大的财富。目前，我国的各种废旧物资回收政策还没有形成一个完整的体系，因此 WEEE 的无害化处理就成为人们备受关注的问题。我们根据对杭州市 WEEE 回收现状的调研和相关文献的阅读整理，归纳总结出如图 6.1

所示的处理流程。

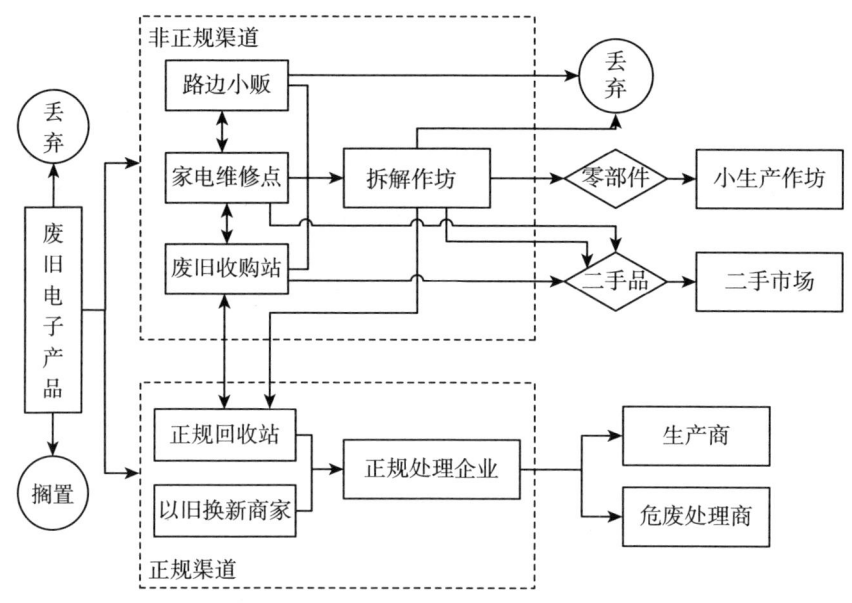

图 6.1　现阶段我国 WEEE 回收模式

与第 5 章中对回收主体直接进行分析有所不同，本小节我们主要基于环保视角，对非正规以及正规回收渠道涉及的主体进行说明和分析，并提出发展和改善措施。

6.1.1.1　非正规回收渠道

现阶段，我国 WEEE 非正规回收途径（见图 6.2）主要有：路边小贩沿街叫卖到上门回收；家电维修点回收渠道和废旧回收站点收购；拆解作坊直接回收。

图 6.2　我国 WEEE 非正规回收途径

(1)"路边小贩"回收渠道。

在我国各个城市中,到处可以看到回收小贩走街窜巷上门回收,三轮车是他们的主要运输工具,他们穿梭在城市的每一个角落。回收 WEEE 并不是他们的唯一工作,他们还会帮人送货、搬家等。他们对于 WEEE 的处理方法主要有两种:其一,对于还有利用价值的电子产品,会以比较高的价格转卖给家电维修商、旧货二手市场或拆解作坊;其二,对于彻底没有使用功能的废电器,会做一个简单的处理,把有价值的部件(如变压器、电机等)以及金属、玻璃、塑料等材料拆解出来售卖,这样的处理对于环境和人体健康有着极大的危害。

小贩回收模式在我国目前是最重要的 WEEE 回收渠道,占据绝对主导地位,占回收总量80%以上。由于正规回收渠道对于 WEEE 的回收出价相对较低,出于经济考量,这些路边小贩很少能将回收来的 WEEE 交给正规回收渠道,使大量 WEEE 进入各类非正规处理渠道。由于路边小贩规模大、分布广、人数众多,造成政府难以监管的局面,不能够从回收源头解决污染问题。

(2)"家电维修点"和"废旧回收站"回收渠道。

家电维修点中的旧家电有很大一部分直接来源于消费者,有一小部分来源于路边小贩。家电维修点回收渠道往往与路边小贩有较好的合作,当小贩回收到比较好的、经过维修后还能用的旧电器往往卖给家电维修点,作为利益共享关系,家电维修点同样将报废产品交由路边小贩进行非正规处理。

废品回收站除了回收 WEEE 外,还回收各类废金属(包括铜、铁、铝等)、塑料、玻璃等,往往与路边小贩也保持着利益共享的合作关系,路边小贩将回收到的无法再维修使用的 WEEE 卖给废品回收站来处理。废品回购点和路边小贩不仅有合作关系,同时还存在竞争关系,回购点不仅从用户手上直接回收废旧产品,而且会从路边小贩或家电维修点处收购,差别在于回购点拥有自己回收店面。且处理方式多样。

(3)"拆解作坊"回收渠道。

在"拆解作坊"回收情况下,商家会根据废旧家电的可利用价值程度来选择具体处理方式:当废旧家电还可以经过修理后继续使用的,会流入二手产品市场；当废旧家电没有修理价值后，会通过拆解其中关键部位，然后当作二手零部件流入修理市场，从其余零部件中提取有利用价值的金属、塑料等，最后把没有利用价值的塑料和其他残渣直接抛弃。

拆解作坊模式主要是以家庭作坊形式处理废旧物。在 WEEE 拆解过程中，所有处理环节往往采用最原始而又极具污染性的方式，包括手工拆解、酸蚀、焚烧和填埋等原始处理方法。这就使大量有害物质通过固体、气体和液体的方式流入大自然，对我们的身体和环境都带来巨大的威胁。

6.1.1.2 正规回收渠道

（1）"以旧换新"渠道。

国家在 2009 年颁布了《家电以旧换新实施办法》，消费者在购买新家电时可以将旧家电回收以获得补贴，补贴金额直接抵冲新家电的价格。以旧换新按新家电销售价格的 10% 给予补贴，基本运作如图 6.3 所示。

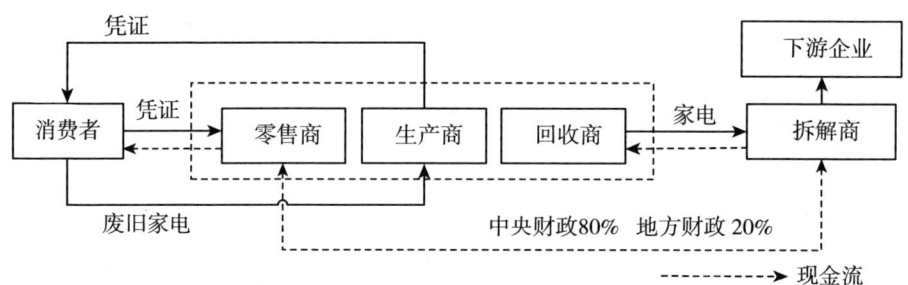

图 6.3 家电以旧换新运作流程

在以旧换新回收过程中，对废旧产品回收、堆放、运输、处理等各个环节都要支付较高费用，目前从经济角度来说是不合理的。"以旧换新"政策在一定程度上刺激了内需，也带来一定的环保效益，但不管从规模还是数量上来看都是很小的。

（2）"正规回收站"渠道。

正规废旧回收站是依照国家法律依法取得营业资格的回收主体，主要从事各类废品回收工作，有偿回收个人消费者或者企业所需要处理的废旧产品。正规回收站回收价格普遍不高，但消费者可以放心地把废旧产品交由他们处理，因为他们对于废旧产品的处理会根据法律法规，交由正规化处理企业去处理。

虽然很多城市都想整合资源回收行业,但在实际运作中,城市里正规回收站数量少而且分布不均,根本就不是路边流动回收小贩的对手,所以正规回收站很难取得较大的发展,不少正规回收站点运管支撑不了多久,要么改变它的用途,要么关门停业,很难形成有效的回收网络。

6.1.1.3 WEEE回收发展对策

从非正规回收渠道发展现状来看,目前中国WEEE的管理体系并不完善,在回收和处理环节就面临极大的挑战。在回收WEEE过程中,市场混乱使报价高低不同,信息不透明使回收品流向不可控。在处理过程中,进入二手市场的产品没有质量保证,容易出事故,而对于那些非法拆解,设备和技术人员的缺失,往往不能够完全取得可利用资源,更严重的是污染物随意丢弃。由此可见,不管从回收环节还是处理环节,WEEE都没有得到很好的控制和有效治理,这对我国的自然环境和居民居住环境都有极大的危害。

本节探讨的正规回收渠道,虽然在回收和拆解环节都能保证WEEE被安全环保地处理,在一定程度上可以缓解废旧污染和浪费问题,但是他们规模相对较小,涉及范围较小,业务能力较弱,在整个废旧回收市场中起到的作用基本上可以忽略不计,依然不可以从根本上解决国内WEEE回收中存在的问题。

上述非正规或正规回收模式都不足以解决存在的问题,目前我国WEEE的回收依旧是形式单一,效率较低,污染严重,不能够专业化的处理;回收渠道不透明,民众对WEEE回收的认知还不够;没有广泛宣传相关政策法规,导致政府部门难以实施有效监管。所以建立正规化废旧回收体系是我们应该努力的方向。基于政府视角,以下我们提出几点关于建立正规化回收处理体系的建议。

(1) 规范WEEE回收和处理体系。

首先,环保部、工信部应该规范废旧产品的回收环节,加强管理和监督,鼓励和引导路边小贩等非正规化加入正规化渠道中去,使废旧处理在回收环节就可以更加绿色环保。其次,WEEE的处置需要以科技为先导,交由有资质的正规处理企业,对于废旧产品的回收、分类管理和再利用都应该严格按照相关程序和要求。

(2) 扶持正规 WEEE 处理企业。

由于正规处理企业需要投入大量资金购买先进设备和处理技术,才能够达到国家的环保标准。对于这种投资大、回报周期长以及具有社会效益的项目,需要政府有关部门从各个层面给予一定支持。这样可以吸引更多企业参与到正规体系中来,不仅降低了准入门槛,同时越来越多的企业参与进来使我国 WEEE 回收体系不断发展和完善,为建立高效、环保的回收体系提供有力保障。

(3) 建立健全 WEEE 回收体系。

目前,我国很大部分废旧家电是由私人非正规渠道回收,去向难以控制,势必造成严重的后续环境问题,因此建立健全废旧家电回收体系势在必行:整合回收渠道,使再回收环节就可以把控废旧流向,真正做到从源头解决问题;在互联网时代,将环保、回收用互联网思维改造,对现有企业利用互联网转型升级。

6.1.2 WEEE 回收模式创新性探索

目前,虽然我国的 WEEE 回收渠道比较多样化,但是回收的主要实体依旧是走街串巷的个体回收者上门回收方式,价格等都没有统一的标准,也没有有效的监管体系,不仅消费者常常会担心受到价格欺诈,而且回收的 WEEE 难以保证得到环保型处理。以下结合 6.1.1 小节中提及的发展对策,提出四种 WEEE 回收模式。

6.1.2.1 回收渠道统一模式

目前,我国在 WEEE 回收环节的发展现状是:"脏(回收的 WEEE 胡乱拆解、丢弃现象严重)、乱(回收环节渠道很多、不统一)、小(回收实体主要以个体小贩为主)",WEEE 回收管理缺失,很多回收从业者追求短期利益而忽略环境保护,造成废旧产品回收率低、资源浪费和污染严重等问题。

第6章 WEEE回收模式创新及政府激励机制研究

为此，我们提出整合回收环节各类实体、统一运作、统一管理的回收渠道统一模式，把原先分散而又无序的各类回收实体整合管理，从回收环节上很好地控制 WEEE 的流向，给环境和社会带来很好的效益。

回收渠道统一模式是指在原有的各实体分散回收 WEEE 的基础上，在政府部门引导和扶持下，整合街边小贩、废品收购站和零售商集收点等传统回收实体，组成整合回收模式，建立分布广泛的回收网络体系，然后在每个城市成立一个 WEEE 区域回收汇总点负责汇总处理（大的城市可以在每个区建立一个汇总点），如图6.4所示。

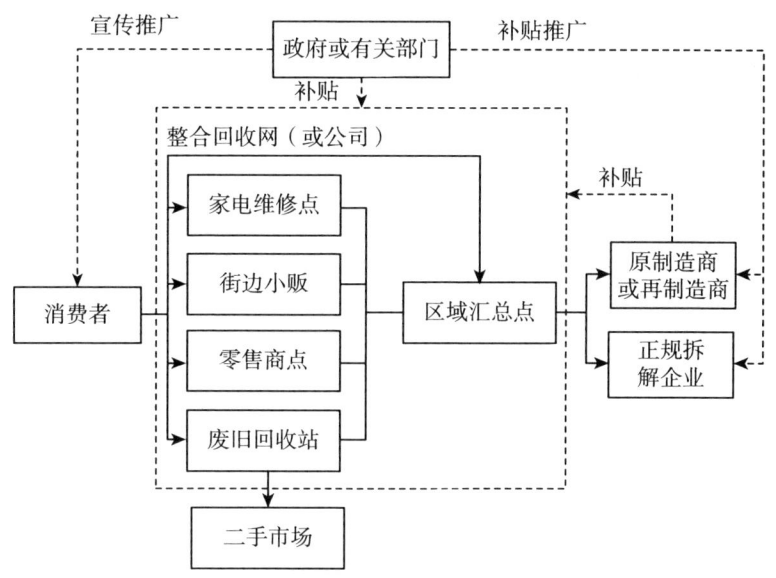

图6.4 回收渠道统一模式运作流程

由图6.4可知，当消费者需要出售废旧产品时，可以出售给街边小贩、家电维修点、废旧回收站和零售商集收点等回收渠道，当回收的废旧产品聚集到一定量时，可以把 WEEE 送到区域回收汇总点，并从整合回收网（公司）得到相应的酬劳（或者挣得废旧产品差价）；或者消费者到区域回收汇总点售卖 WEEE。

区域回收汇总点负责某个区域，需要把收来的废旧产品进行合理分类和预处理，一部分会流向生产商（用作原材料）和再制造商（用于主要部件的再制造），另一部分则交由正规处理企业进行专业化、无污染的处理。

在该模式成立前期,由于收益期长,同样需要政府给予一定的补贴。这些补贴可由制造商等利益相关企业返还给整合回收公司。具体的操作是:制造商、再制造商和正规处理企业在收到整合回收公司的符合要求的WEEE后,先发放补贴给整合回收公司,然后根据收购票据向政府相关部门(如财政部)申领补贴(在中国,2009~2012年的"家电以旧换新"模式就是采用这种补贴模式)。此外,对于刚刚开始构建的整合回收公司,政府也可以发放补贴以帮助其顺利开展实施WEEE回收实践活动。

中国现有的WEEE回收体系充斥着大量无证经营的个体户,他们在我国废品回收市场上占据绝对主力地位。"回收渠道统一"模式应该通过完善的回收体系管理这些个体经营户,这也是统一回收网所面临的难点和成功的关键点。

为此,一方面需要明确以整合回收企业为责任主体,理清从消费者到回收网再到处理者这样一个基本处理流程和运作模式;另一方面需要强调政府的监督激励机制,以提高WEEE回收以及处理活动的环境相容性。

6.1.2.2 生产商联盟运作模式

根据欧盟一些国家和日本的经验,虽然EPR制度将产品在消费后环节的责任由消费者和政府转移给产品的生产商,但如果由每个生产商来单独处理其产生的废旧产品时,会存在一些不足,如各生产商的WEEE回收处理网络重复建设导致成本增加等。为此,结合中国现实情况,以下结合EPR制度的实际运行情况提出针对WEEE回收的生产商联盟运作模式。

生产商联盟是由一些具有相同性质(如生产同类产品、生产的产品采用相同规格等)的EEE生产企业联合而成的。WEEE处理联盟中心是生产商联盟中的一个机构,由这些生产企业共同出资建立。生产商联盟运作模式的基本运作流程如图6.5所示。

联盟中心将在各个城市设立专用回收站,一种途径是直接连接消费者进行回收,另一种途径是个体小贩、物资回收公司、销售商(如采取"以旧换新"方式)等各个渠道把从消费者手中回收来的WEEE运往该回收站。同时生产商联盟分区域建立规模不等的WEEE处理厂,集中到各专用回收站的WEEE将被运往各处理厂做最后处理(拆解、再制造等)。需要

第 6 章 WEEE 回收模式创新及政府激励机制研究

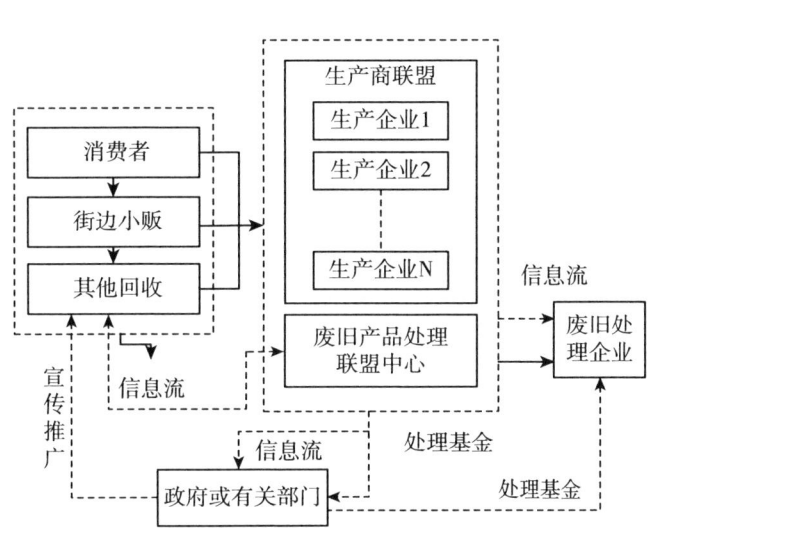

图 6.5 生产商联盟运作模式的基本运作流程

说明的是，WEEE 处理联盟中心会添加和更新 WEEE 回收系统中的各种信息（包括企业名单、产品种类、WEEE 回收价格、WEEE 处理企业状况等），以供各生产商和专用回收站共享。

对于消费者而言，在处置 WEEE 时可以事先向 WEEE 处理联盟中心预约或者直接卖给小贩等其他回收渠道，在联盟员工或小贩上门收货时，消费者在交付 WEEE 时会得到相应的经济补偿。

对于政府部门而言，主要负责监督生产商联盟体系，并出台相关的法律法规来支持该模式的发展。如果发现有违反法律的行为（如小贩采用酸洗、焚烧等污染环境的方式拆解处理 WEEE），将通报环保执法部门，然后按规定对当事人进行依法处罚。同时政策上也要大力支持，包括 WEEE 处理基金征收和补贴分配体系的建设和实施（如从生产商处收取 WEEE 处理基金，然后补贴给 WEEE 处理厂，这一做法符合 EPR 制度）、推动企业建立环境绩效评价体系等。

通过生产商、回收实体、政府部门和消费者的通力合作，共同努力，以生产者为主导的高效、环保的 WEEE 回收体系是可以建立的。该模式在实现相关企业的互利共赢的基础上，可以减少环境污染，增进社会整体福利。

6.1.2.3 创新型企业自建网络平台模式

随着互联网应用的普及，个别回收 WEEE 的企业开始考虑借助网络平台回收 WEEE。目前，已经存在一些企业自行构建网站开展 WEEE 回收，目前此类网络平台主要分为三类：模式 A——正规 WEEE 处理企业自主建立的回收平台，模式 B——WEEE 回收企业建立的回收平台，模式 C——城市环卫集团建立的回收平台。整个运作系统中除物流外同时伴随着信息流的流转，线上信息交互和线下物品回收同时进行。由图 6.6 可知，这三种有很多共同点的回收模式的基本运作流程。

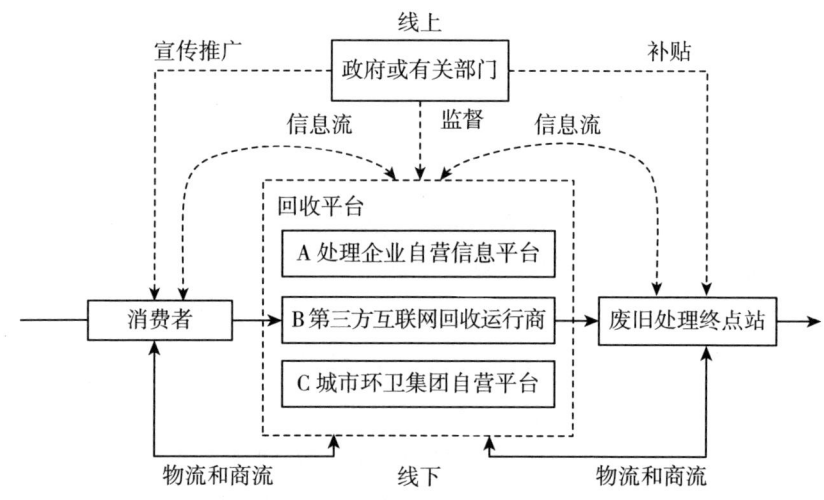

图 6.6　现有"企业自建网络平台"模式的基本流程

这三类企业在回收 WEEE 时在很多方面都是相同的。首先，消费者通过电话和网站说明需要回收的 WEEE 种类和数量，并确定回收时间；其次，第三方互联网回收运营商联系顾客，并对基本信息进行核对，确认后，平台会安排相关人员进行上门回收；再次，回收人员上门成功收取废旧物，并将资金交付给消费者，完成交易；最后，客户通过网络或电话对整个交易过程给出评价。

以下我们通过表 6.1 从责任主体、车辆来源、回收人员、物流、结算等方面简要说明三种模式。

表 6.1　　　　　现有"企业自建网络平台"模式简介

	模式 A	模式 B	模式 C
责任主体	正规处理企业	WEEE 回收商	城市环卫集团
回收车辆	新买车辆	新买车辆	现有环卫车辆
回收人员	新建回收队伍	新建回收队伍	现有环卫工人
代表平台	"虎哥回收"网络平台	"阿拉环保"网络平台	"清洁直分"app
成立时间	2015 年 11 月	2011 年 8 月	2016 年 1 月
归属企业	浙江九仓	上海金桥	杭州市环境集团
回收范围	浙江杭州主城区	上海	浙江杭州主城区
回收种类	家用电器、各类电脑、衣服等穿戴装备、床上用品以及废旧书籍	大家电、小家电、电池	书刊、纸张、塑料瓶、玻璃酒瓶、衣服及部分金属类
结算方式	现金和优惠券	现金或积分	积分卡
WEEE 处理模式	自己处理	交易给上游的 WEEE 处理企业	交易给上游的 WEEE 处理企业
主要特点	公司负责所有业务的开展，一体化服务体系，按月分时段在杭州五个区域回收	自建回收物流，搭建回收平台，通过网络化交易模式，在网络建设推广、物流体系建立等方面都需大量资金投入	让环卫人员参与 WEEE 回收，现有人员车辆充足，分布广泛

根据我们前期的实地调研发现，现有"企业自建网络平台"模式有着天然的劣势，包括：（1）回收价格低，有些企业甚至在几次交易后才会与消费者兑现回收金额；（2）回收范围较小，一般来说能够涉及的城市比较有限，有的甚至仅局限于更小的某个区域；（3）回收企业往往自建物流，前期投资较大，运作成本高；（4）服务及时性差，不能够及时到达客户指定地点进行回收工作。

针对上述问题，我们在总结现有模式的基础上，结合目前不断普及的电子商务应用，提出创新型"企业自建网络平台"模式，如图 6.7 所示。

在创新型"企业自建网络平台"回收模式下，网络平台利用互联网技术搭建信息交互平台，消费者可以在网络端，如微信公共账号、APP 或企

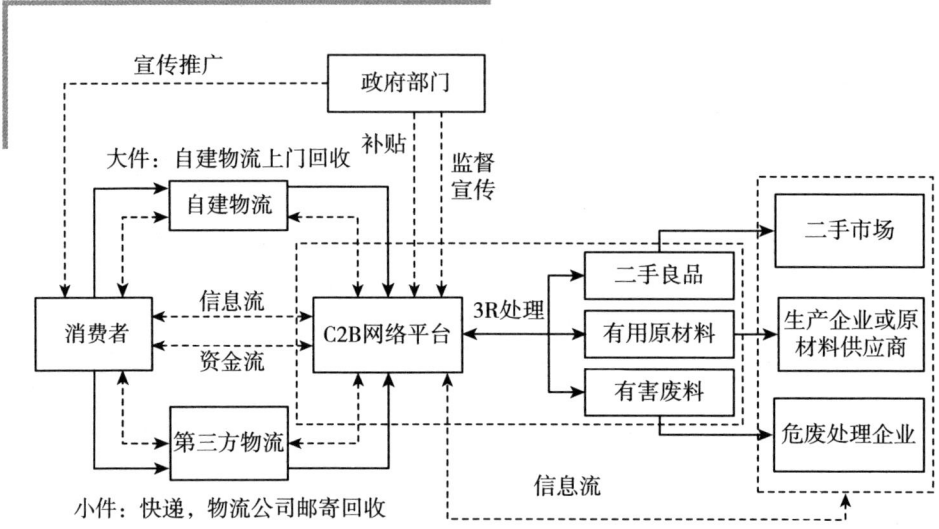

图 6.7 创新型"企业网络平台"模式基本运作流程

业官网等,查询需要被回收 WEEE 的相关信息(包括种类、废旧程度、价格等),并输入待回收的 WEEE 基本情况。

平台会评估消费者提供的信息并给出报价,若达成一致,平台工作人员将通过电话向消费者确认预约的时间、地点、产品信息等细节,确认无误后,根据废旧物种类,如果是大件废旧物,平台将会通知相关回收人员和车辆去进行回收;小件废旧物则通过第三方物流快递企业进行邮寄回收。

若回收员上门回收时检查产品与信息相符,则向消费者支付之前双方商定的价格(或现金,或其他支付方式)并奖励积分。若是邮寄回收时,平台确认收货后也会把相应现金和积分返回给消费者。

在整个交易流程完成后,消费者通过平台网站,可以对回收员上门服务进行评价,同时也可对回收平台提出意见或进行投诉。最后回收平台将回收的产品集中起来正规化处理,具体流程如图 6.8 所示。

6.1.2.4 第三方集成网络平台模式

随着"互联网+"应用不断创新发展,构建"第三方集成网络平台"模式,能有效地整合线上和线下资源,是解决现阶段 WEEE 回收问题的有效探索方向之一,完全有可能成为一种崭新的商业模式和未来的发展方

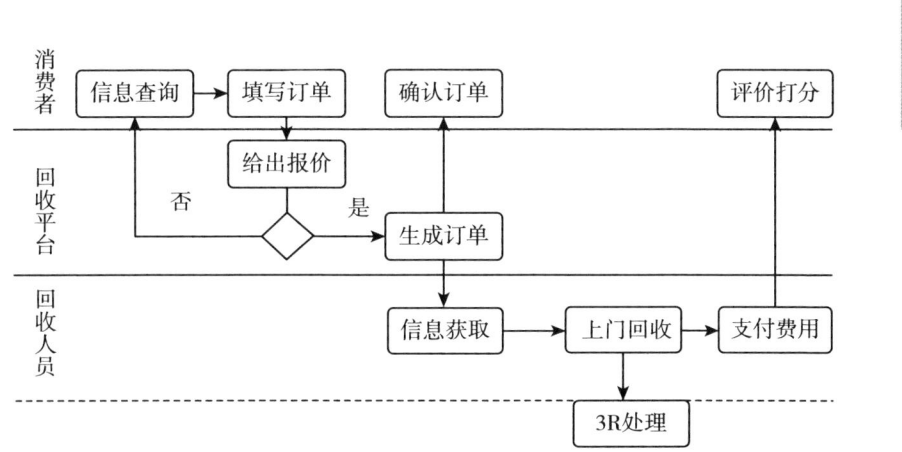

图 6.8　创新型"互联网 + 自建物流"模式的 WEEE 回收过程

向。下面我们将详细阐述这种全新的"第三方集成网络平台"模式，其基本流程如图 6.9 所示。

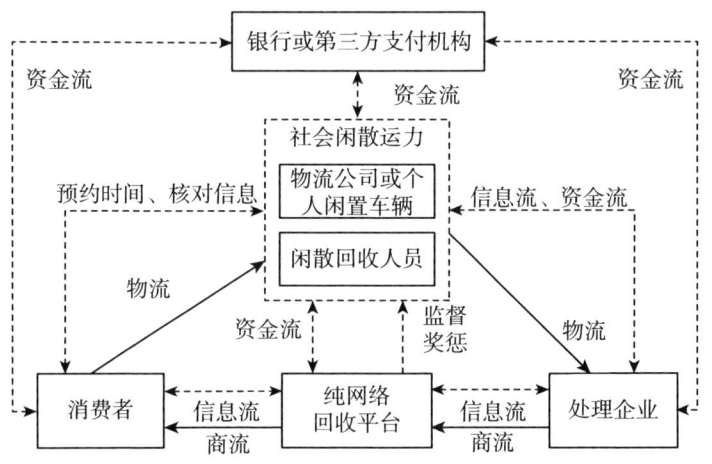

图 6.9　"第三方集成网络平台"模式下的基本运作流程

由第三方企业来投资构建网络平台，平台的主要模块包括 WEEE 信息介绍、消费者模块、WEEE 回收模块、WEEE 物流模块以及 WEEE 处理企业介绍等。

消费者登录回收网络平台，浏览 WEEE 规格和回收价格等信息，然后在网站上发布待回收的 WEEE 的基本信息以及回收服务的时间地点，平台会自动根据消费者提供的信息估算出回收价格,若消费者对价格不满意可以放弃订单。

若满意,消费者就可以直接提交订单,平台会实时向社会闲散运力(包括物流公司、运输个体、私家车司机等有空闲时间来承担这项回收任务的人员)推送这则回收信息,注册过的回收人员通过抢单获取这次回收服务的机会,平台会把消费者的相关信息推送给此次的回收员,回收人员会及时和消费者确认待回收的 WEEE 具体信息以及回收时间、地点、金额等细节。

根据消费者之前在网站预留的时间和地点等其他要求,回收员会准时提供相关服务。当回收员把回收物品送至确定的 WEEE 处理场所并核实无误后,平台会把资金释放到消费者账户中,同时回收员也会获得一定酬劳。交易结束后消费者可以对于回收员和平台进行服务反馈和评价,而回收人员也可以对消费者进行评价。

整个网络平台化发展不仅可以实现标准化服务下用户体验的大幅提升,而且可以加速 WEEE 回收行业实现规模经济的进程与效率。根据上述整个过程的描述,我们通过一个简单的流程图来呈现网络平台具体运作逻辑,如图 6.10 所示。

"第三方集成网络平台"模式中的关键点是网络平台,平台的核心在于整合各方资源,包括消费者、社会闲散运力和正规处理企业,由此建立一个高效而又便捷的互联网回收平台体系,充分整合社会上空闲的回收人员和物流运输人员,并保证能把 WEEE 分配到有处理资质的企业手中。

6.1.3 四种回收模式特点及比较分析

通过对上述四种我们提出的创新型 WEEE 回收体系的介绍和梳理,可以看到四种模式在运营、物流、企业组织、政府支持、技术应用等各个方面都有所差异,每个模式都有其各自的特点。以下我们先对每种模式的特点做简要分析,然后对四种模式进行对比分析,从而更加深刻理解各个模式的运作特点。

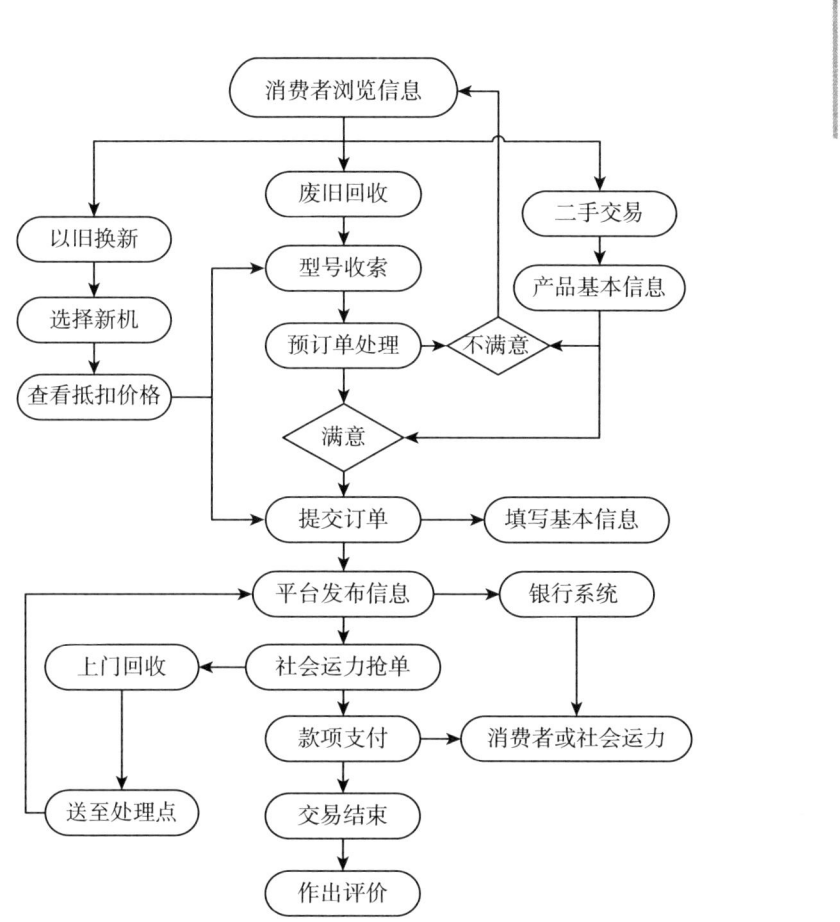

图 6.10 "第三方集成网络平台"模式下的 WEEE 回收流程

6.1.3.1 四种回收模式特点分析

(1)"回收渠道统一"模式。

该模式的承担者是另行组建的综合性回收公司,也称整合回收网(企业)。该模式主要有两个特点:其一,可以充分利用现有回收实体。"回收渠道统一"模式利用小商贩、废旧回收站和零售商等集收点分布广泛和回收便利等优势,将他们集聚起来统一化管理,以逐步改善目前无序、杂乱的 WEEE 回收状态。其二,可以使各种通过非正规渠道回收而来的 WEEE 流入整合回收网(企业)设置的区域回收汇总点,原先的各类"散乱"的非正规渠道回收主体依然可以从事现在的工作,只须加强对于这些非正规渠道从业人员的引导和管理,使他们能够在现有整合网络中发挥更大的价值,并且回收规模的不断增大也可以使他们获得较好的经济收入。

(2) "生产商联盟"运作模式。

在"生产商联盟"运作模式中 WEEE 回收处理的主要责任承担者是 EEE 生产商,由这些生产商组成的生产商联盟需要出资建立专业回收站和专业处理企业,以实现 WEEE 的高效回收。这种模式的主要特点如下:其一,信息共享。提高 WEEE 回收效率,从整个回收过程来看,联盟式经营减少 WEEE 回收交易费用,生产商联盟中的生产商、专有回收站、WEEE 处理企业等除了能够信息共享和资源互补外,还可以在互利互惠基础上建立一致的 WEEE 回收物流服务,并完善协调机制。其二,减低回收费用。促进企业共同进步,联盟式经营使合作企业相互学习,提高合作各方对于不确定市场环境的应变能力,减少相互不必要竞争而产生的费用。其三,其成功运作需要政府部门的强力支持。首先,政府部门需要制订 WEEE 的分类标准、回收拆解的技术规范,并制订 WEEE 的处理基金征收和补贴分配体系;其次,政府需要对非正规处理渠道(如小贩采用酸洗、焚烧等污染环境的方式拆解处理 WEEE)进行严惩,从而使 WEEE 落于 WEEE 处理联盟中心。

(3) 创新型"企业自建网络平台"模式。

创新型"企业自建网络平台"模式的主要承担者是创建 WEEE 回收网络平台的实体企业,该模式主要有如下特点:其一,WEEE 回收环节便利化。消费者可以根据自己的时间或者地点随意安排处理 WEEE,而且操作更加便利化,只需要下单等待上门服务,同时保证了回收处理的无害化和过程的可控性。其二,WEEE 回收更为规范化。整个回收流程都可以在网站平台上看到,使整个回收过程可视化,极大减少中间其他回收流程,能够合理分类回收物,为消费者提供了正规化的回收渠道,并且保证这个渠道的环保性和安全性。

与前两类回收模式比较,虽然该模式有着不少优势,但是这种模式也会给构建网络平台的企业带来额外的网站构建和维护成本。同时,这种模式需要自建物流体系,购置自有车辆并雇佣人员,运营成本相对较高,这些因素有可能制约该模式进一步发展。

第6章 WEEE回收模式创新及政府激励机制研究

(4)"第三方集成网络平台"模式。

WEEE回收的目的在于WEEE的正规化处理和二次再利用,以实现环保和资源再生利用的双重要求。目前,在中国,中央政府一直在力推"互联网+"理念,即希望各传统行业能与互联网结合,以推动传统行业的转型升级。为此我们提出的"第三方集成网络平台"模式,该模式的主要特点有:回收服务更加高效;WEEE回收和处理信息更加透明;回收系统更加完备;环境保护效益更加显著。

总体来说,这种模式的确有很多优异的地方,但是由于其高度的整合性和颠覆性,使在现实生活中会遇到一些问题(如第三方平台的初始融资、模式前期的推广宣传等),目前国内外还没有这样的公司做这个项目,这是一个挑战也是一个机会。我们可以尝试在中国通过这样一个项目实施创造新的商业模式,更好地解决WEEE回收这一难题,更好地保护环境和促进经济可持续发展。

6.1.3.2 四种回收模式综合对比分析

以上我们结合中国现实国情,对四种WEEE回收的创新模式的特点、优势、劣势作了简要分析。以下我们进一步从责任主体、回收和处理方式、消费者参与度、政府作用等多个方面对这四种模式进行比较分析,如表6.2所示。

表6.2 四种模式简要对比

模式	Ⅰ.回收渠道统一	Ⅱ.生产商联盟运作	Ⅲ.创新型"企业自建网络平台"	Ⅳ."第三方集成网络平台"
责任主体	另行组建的整合回收公司	由联盟中的EEE生产商们共同出资建立WEEE处理联盟中心	自建网络平台的WEEE回收企业	构建第三方集成网络平台的企业(另行组建)
回收的正规性	允许大量的非正规回收实体参与	除了自建回收体系外,也允许部分非正规回收实体参与	回收很正规,主要由回收企业的员工进行回收	允许非正规回收实体甚至消费者参与,最后处理正规化

续表

模式	Ⅰ.回收渠道统一	Ⅱ.生产商联盟运作	Ⅲ.创新型"企业自建网络平台"	Ⅳ."第三方集成网络平台"
回收人员来源	很广，包括正规渠道和非正规渠道回收人员	很广，主要是WEEE处理联盟中心以及专有回收站工作人员	WEEE回收企业的自有工作人员	很广，包括正规渠道和非正规渠道人员甚至消费者
消费者参与度	参与度小，仅仅将WEEE卖给各类回收实体即可	参与度小，消费者将WEEE卖给各类回收实体即可	参与度一般，消费者可清楚了解到WEEE的走向和最终处理情况	参与度大，消费者可以将WEEE卖给各类回收实体，也可以自己成为WEEE回收者和运输者
WEEE去向	正规WEEE处理企业，EEE部件再制造商	生产商联盟自建的WEEE处理企业	正规WEEE处理企业，EEE部件再制造商，原材料供应商	正规WEEE处理企业
物流方式	主要由非正规回收实体运输，小部分由整合回收公司运输	部分由非正规回收实体运输，部分由自建的专有回收站运输	大件WEEE通过WEEE回收企业的自建物流系统运输，小件WEEE通过快递公司运输	社会上任何的闲散运力，包括个人的和企业的，只要在平台上进行注册并经过验证
结算方式	Offline，由回收人员直接交付消费者	Offline，由回收人员直接交付消费者	Offline or online，由回收人员直接交付消费者或通过电商支付	Online，由第三方支付平台支付给消费者

续表

模式	Ⅰ.回收渠道统一	Ⅱ.生产商联盟运作	Ⅲ.创新型"企业自建网络平台"	Ⅳ."第三方集成网络平台"
政府财政和政策支持程度	需要支持,以保证各类回收实体回收的WEEE进入整合回收公司	需要强力支持,包括WEEE处理基金的征收和补贴的发放,以及WEEE处理的监管	发展初期可以给予适当支持,以保证WEEE回收量不断增加	发展初期需要支持,以不断增大第三方的WEEE回收量、以及提高网络平台知名度
政府财政补贴来源及补贴对象	由工信部和财政部拨发的专有补助金,补贴可以通过制造商、再制造商和正规回收企业发放给整合回收公司	从EEE生产商处征收的WEEE处理基金,补贴给WEEE处理企业	一般由工信部和财政部拨发的专有补助金,补贴给自建网络平台的WEEE回收企业,主要在发展初期给予	一般由工信部和财政部拨发的专有补助金,补贴给构建第三方集成网络平台的企业,主要在发展初期给予

6.1.4 小结

根据社会经济发展现状积极探索回收模式,已经有很多企业都在积极探索高效回收体系,并且也取得较好的社会效益。我国正在加强扶持正规企业的废旧处理能力和处理水平,同时也在打击不合法的污染行为。本节讨论的四种回收模式,每一种都有其优势和不足,应从不同角度来探索高效废旧回收体系的建立。

(1)"回收渠道统一"模式主要是把分散的回收渠道集中起来,建立分布广泛和全面的回收网络体系。

(2)"生产商联盟"模式主要是对生产商的资源整合,建立生产商联盟信息共享平台,保证生产商联盟系统透明化运行。

(3)"互联网自建物流"模式的基本运作模式是借助互联网搭建网络平台,组织自有人员和车辆去进行回收。

(4)"第三方集成网络平台"模式主要是整合消费者、回收者、社会闲散运力等，以网络平台为核心，实现回收体系高效、安全运行。

借助"第三方集成网络平台"这种新型模式，形成"互联网+再生资源"业态发展，打造新型 WEEE 回收交易平台（或可应用到其他废旧物的回收），整合线上线下资源，发展新型 WEEE 电商模式，使回收处理都做到高效、环保，形成新型商业模式，颠覆和改造这个传统产业，这是发展趋势，也是必由之路。

6.2 第三方集成网络平台模式下政府补贴对回收决策模型分析

通过 6.1 节的分析对比可知，在 WEEE 的四种回收模式中，"第三方集成网络平台"模式更加高效、环保和及时，但是由于 WEEE 回收行业的特殊性，因此需要相关政府部门大力倡导和支持。本节主要研究第三方集成网络平台模式下，政府补贴对回收再制造决策分析，考虑平台在有政府补贴和没有政府补贴两种情况下，运用博弈论模型对闭环供应链中的制造商、销售商与第三方集成网络平台各节点集中决策进行对比分析，探究政府补贴对整个闭环供应链行为决策以及第三方集成网络平台发展的影响。

6.2.1 模型描述

结合不断发展的互联网应用技术，尝试运用互联网思维模式，构建"第三方集成网络平台"模式，该模式由制造商 M、销售商 S、第三方集成网络平台 N 组成的闭环供应链系统，如图 6.11 所示。其中，制造商负责使用新材料生产新产品，同时也可以利用 WEEE 材料进行再制造；销售商主要进行销售工作以及到消费者端的配送工作；第三方集成网络平台 N 提供信息平台参与 WEEE 的回收工作；社会闲散运力则提供物流运输，保证线下回收的 WEEE 送达指定地点。同时政府出台相关政策支持第三方集成网络平台的线上回收活动，并在平台的发展初期给予一定补贴。

提出模型相关定义及参数如下：

第6章 WEEE回收模式创新及政府激励机制研究

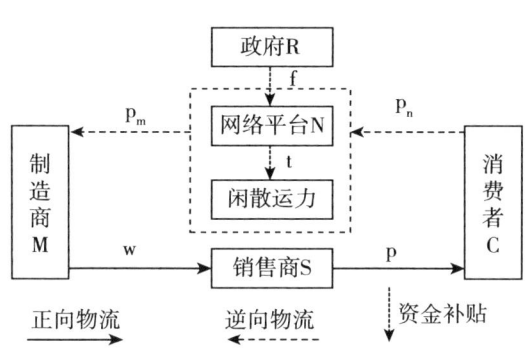

图 6.11 第三方集成网络平台进行废品回收的闭环供应链结构

p：由销售商制定的产品销售单位价格。

w：销售商从制造商处购买的单位批发价。

c_m：制造商生产的全新产品（利用新材料）的单位生产成本。

c_r：制造商生产的再制造产品（利用回收的 WEEE）的单位生产成本。

Δ：制造商生产全新产品与再制造产品之间单位成本差价 $\Delta = c_m - c_r$。

$D_{(p)}$：新产品的市场需求，$D_{(p)} = \alpha - \beta p$，$\alpha$、$\beta > 0$，其中，$\alpha$ 为市场容量，$\beta > 0$ 为消费者对产品价格敏感系数。

p_n：网络平台给消费者的价格。

p_m：制造商给平台的价格。

$G_{(p_n)}$：废旧回收量，$G_{(p_n)} = k + hp_n$，k、$h > 0$，其中，k 为社会上有这些数量的消费者愿意返还使用后的产品。$h > 0$ 是消费者对于 p_n 的供应市场变化的敏感程度。

f：政府给予回收环节的单位补贴价格。

t：运送单位物品 WEEE 网络平台付给社会闲散运力的成本（$0 < t < p_m - p_n$）。

为了便于分析，对模型做出如下假设：

（1）市场完全开放，闭环供应链上的制造商、销售商与第三方集成网络平台信息对称，这样设定更符合互联网时代下市场机制的演化和未来发展趋势。

（2）制造商、销售商和第三方集成网络平台均为理性决策者，各自以利润最大化为目标。制造商的再制造能力和第三方集成网络平台的回收能力无限制。

（3）通过回收再制造方式生产的新产品与通过新材料生产的新产品同质，市场认可度相同，价格相同。

（4）通过回收再制造方式生产的新产品与通过新材料生产的新产品在同一市场销售，消费市场单期需求为两者之和。

（5）假设所有回收而来的废旧产品均可以用于再制造产品。

（6）制造商为闭环供应链上的核心企业，且为 Stackelberg 博弈主导者，对销售商和第三方集成网络平台有足够的影响力。

（7）第三方集成网络平台只是作为一个信息平台，逆向物流的过程由社会闲散运力承担。

（8）政府给予第三方集成网络平台的补贴来源于生产企业上缴的回收处理基金，包含在企业生产之中。而政府对于企业的补贴也不是无限的，具体补贴金额应该根据企业发展、WEEE 回收产业现状等综合考量。

6.2.2 考虑政府补贴情况下的回收决策模型

考虑到第三方集成网络平台前期投资较大，需要一段时间去培养用户习惯，所以我们考虑政府给予网络平台一定的补贴 f，使整个回收网络能够平稳运行。

闭环供应链中节点企业均以各自利润最大化为目标，所以各方成员的决策函数为：

$$\max \pi_m = (\alpha - \beta p)(w - c_m) + (\Delta - p_m)(k + h p_n) \quad (6-1)$$

$$\max \pi_n = (p_m - p_n)(k + h p_n) + (f - t)(k + h p_n) \quad (6-2)$$

$$\max \pi_s = (\alpha - \beta p)(p - w) \quad (6-3)$$

首先，针对该模型，采用逆向归纳法求解该模型。令式（6-2）和式（6-3）对 p_n 和 p 的一阶线性化条件为零（即 $\partial \pi_s / \partial p = 0$，$\partial \pi_n / \partial p_n = 0$），求得结果为：

$$p = \frac{\alpha + w\beta}{2\beta} \quad (6-4)$$

第6章 WEEE回收模式创新及政府激励机制研究

$$p_n = \frac{p_m h + hf - th - k}{2h} \qquad (6-5)$$

把式 (6-4)、式 (6-5) 中求得结果 p_n 和 p 代入式 (6-1) 中,并分别求 w 和 p_m 的一阶导数得:$w = \frac{\alpha + c_m}{2\beta}$,$p_m = \frac{\Delta h + th - hf - k}{2h}$。将 w 和 p_m 代入 p_n 和 p 中,得到 $p = \frac{3\alpha + c_m}{4\beta}$,$p_n = \frac{\Delta h + hf - th - 3k}{4h}$。

进一步分析,得到考虑政府补贴情况下分散决策中 p_m、p_n、p、w 的最优解:

$$\begin{cases} w^* = \dfrac{\alpha + c_m}{2\beta} \\ p^* = \dfrac{3\alpha + c_m}{4\beta} \\ p_n^* = \dfrac{\Delta h + hf - th - 3k}{4h} \\ p_m^* = \dfrac{\Delta h + th - hf - k}{2h} \end{cases} \qquad (6-6)$$

因此,可知制造商、销售商和第三方集成网络平台的最优利润为:

$$\begin{cases} \pi_m^* = \dfrac{(a - c_m)(a + c_m - 2c_m\beta)}{8\beta} + \dfrac{(\Delta h + hf - th + k)^2}{64h^2} \\ \pi_n^* = \dfrac{(\Delta h + hf - th + k)^2}{16h} \\ \pi_s^* = \dfrac{(a - c_m)^2}{16\beta} \end{cases} \qquad (6-7)$$

6.2.3 不考虑政府补贴情况下的回收决策模型

随着人们的环保意识不断提高以及对于第三方集成网络平台逐步认可,第三方集成网络平台拥有稳定的客户和不断增长的回收量,此时不需要依赖政府补贴运营,以下是不考虑政府补贴情形下的决策分析。

同样的,在不考虑政府补贴情形下,闭环供应链中节点企业均以各自

利润最大化为目标,各方成员的决策函数可表示为:

$$\max \pi_m = (a - \beta p)(w - c_m) + (\Delta - p_m)(k + hp_n) \quad (6-8)$$

$$\max \pi_n = (p_m - p_n)(k + hp_n) - t(k + hp_n) \quad (6-9)$$

$$\max \pi_s = (a - \beta p)(p - w) \quad (6-10)$$

应用逆向归纳法来求解该模型。令式(6-9)和式(6-10)对 p_n 和 p 的一阶线性化条件为零(即 $\partial \pi_s / \partial p = 0$,$\partial \pi_n / \partial p_n = 0$),求得结果为:

$$p = \frac{\alpha + w\beta}{2\beta} \quad (6-11)$$

$$p_n = \frac{hp_m - th - k}{2h} \quad (6-12)$$

将式(6-11)、式(6-12)中的 p 和 p_n 代入式(6-8)中,并分别求 w 和 p_m 的一阶导数,可得考虑政府补贴情况下分散决策各最优解:

$$\begin{cases} w^* = \dfrac{\alpha + c_m}{2\beta} \\[6pt] p^* = \dfrac{3\alpha + c_m}{4\beta} \\[6pt] p_n^* = \dfrac{\Delta h - th - 3k}{4h} \\[6pt] p_m^* = \dfrac{\Delta h + th - k}{2h} \end{cases} \quad (6-13)$$

由此,可知制造商、销售商和第三方集成网络平台的最优利润为:

$$\begin{cases} \pi_m^* = \dfrac{(a - c_m)(a + c_m - 2c_m\beta)}{8\beta} + \dfrac{(\Delta h + hf - th + k)^2}{8h} \\[6pt] \pi_n^* = \dfrac{(\Delta h + hf - th + k)^2}{16h} \\[6pt] \pi_s^* = \dfrac{(a - c_m)^2}{16\beta} \end{cases} \quad (6-14)$$

6.2.4 两种情形下的决策对比

比较上述四种情形下的最优决策,如表6.3所示。

表 6.3　　　　　　　　两种情形下分散决策对比

变量	考虑政府补贴	不考虑政府补贴
w	$(\alpha+c_m)/2\beta$	$(\alpha+c_m)/2\beta$
p	$(3\alpha+c_m)/4\beta$	$(3\alpha+c_m)/4\beta$
p_n	$(\Delta h+hf-th-3k)/4h$	$(\Delta h-th-3k)/4h$
p_m	$(\Delta h+th-hf-k)/2h$	$(\Delta h+th-k)/2h$
π_s	$(\alpha-c_m)^2/16\beta$	$(\alpha-c_m)^2/16\beta$
π_n	$(\Delta h-th+hf+k)^2/16h$	$(\Delta h-th+k)^2/16h$
π_m	$[(\alpha-c_m)/4][(\alpha+c_m-2c_m\beta)/2\beta]$ $+[(\Delta h+hf-th+k)/8h]^2$	$[(\alpha-c_m)/4][(\alpha+c_m-2c_m\beta)/2\beta]$ $+[(\Delta h-th+k)/8h]^2$
π	$\pi_s+\pi_n+\pi_m$	$\pi_s+\pi_n+\pi_m$

通过以上分析,得到以下结论。

结论 6.1:政府对第三方集成网络平台进行补贴情形下,最优销售价格和最优批发价格保持不变,说明政府对第三方集成网络平台的补贴不影响市场上产品的零售价和批发价。

结论 6.2:政府对第三方集成网络平台进行补贴情形下,平台给予消费者回收价格增加而制造商给予平台的回收价格却降低,说明当政府对第三方集成网络平台进行补贴时,消费者出售 WEEE 的收益增加,而制造商在得知平台拿到政府补贴情况下,考虑自身利益最大化,降低从平台回收的 WEEE 单价。

结论 6.3:政府对第三方集成网络平台进行补贴情形下,销售商的利润保持不变,但是对于制造商和第三方集成网络平台来说,两者收益均随着政府补贴的增加而增加。制造商通过观察到政府补贴而降低 WEEE 回收价格来实现自身利益最大化;虽然制造商给予平台的回收价格降低的同时,平台给予消费者的回收价格增加,但是在政府补贴情况下,平台的收益仍在增加。

结论 6.4:政府对第三方集成网络平台进行补贴情形下,整个闭环供应链的总利润增加,说明政府补贴有利于闭环供应链的良性循环和发展,使第三方集成网络平台在发展初期阶段可以得到有力支撑,使制造商能够不断优化再制造技术，实现社会利益最大化。

6.2.5 小结

本节讨论了在第三方集成网络平台模式下政府补贴对回收再制造决策模型分析，重点分析了在有政府补贴和没有政府补贴情况下，相关利益参与者博弈和决策过程，并且对有无政府补贴情形作了对比分析，最终得出通过政府对于第三方集成网络平台模式的补贴和支持，不仅有利于网络平台快速发展，同时也促进了闭环供应链的良性循环，实现社会效益的最大化。

6.3 第三方集成网络平台模式下基于政府约束的激励机制研究

6.2 节的研究表明政府补贴对于第三方集成网络平台模式的发展有着积极推动作用，但是补贴过程中仍然存在很多需要解决的问题。由于目前第三方集成网络平台尚处于起步阶段，模式和运营并不成熟，政府对于平台的补贴不能有效激励网络平台的回收行为，而且政府在激励网络平台过程中也存在信息不对称的问题。鉴于此，本节重点研究政府如何识别不同网络平台的回收能力并且制订相应的激励机制，所得结论对政府支持网络平台的发展具有一定指导意义。

6.3.1 模型描述

本节考虑政府和第三方集成网络平台二者均符合"理性人"假设。在 WEEE 回收过程中，政府是委托人，第三方集成网络平台是代理人。在不对称信息下，建立基于政府约束的激励机制契约模型，政府设计激励机制引导第三方集成网络平台提高回收努力程度，应用委托—代理理论模型来进行求解分析，以探究网络平台在此过程中的行为特征，帮助政府甄别网络平台的真实回收能力,促使网络平台积极提高其回收努力水平。

本节模型假设如下:

(1) 第三方集成网络平台的废旧产品回收量 $Q = be + m + \varepsilon$,b 表示第三方集成网络平台的回收能力,一般于网络技术研发投入、平台营销推广、人员管理等相关,由于政府无法观察到平台的实际回收能力,因此为回收平台的私人信息,$b > 0$ 且 $b \in [\underline{b}, \overline{b}]$,其密度函数为 $f(b)$;e 表示第三方集成网络平台参与逆向供应链实施进行产品回收的努力程度;$m(m \geq 0)$ 表示第三方集成网络平台所面对的市场大环境,m 的值与市场大环境呈正相关关系;ε 代表外生的不确定因素,且是平均数为零、方差等于 δ^2 的正态分布随机变量,$\varepsilon \sim N(0, \delta^2)$。

(2) 第三方集成网络平台的努力成本函数为 $c(e) = ge^2/2$,其中 g 为努力成本系数,如第三方集成网络平台的人力、物力的投入,$g > 0$。努力水平与成本呈负相关关系,即 $c'(e) \geq 0$,$c''(e) \geq 0$。

(3) 第三方集成网络平台的废旧产品的回收收益 π_n 与废旧产品回收量 Q 呈线性关系,并且废旧产品的回收收益与废旧产品回收量呈正相关关系。令回收收益函数为 $\pi_{N1} = nQ = n(be + m + \varepsilon)$,其中 n 为废旧产品回收收益系数,$n > 0$。

(4) 假定政府部门为第三方集成网络平台提供的激励契约是 $\pi_{N2} = bQk(b)$,其中 $k(b)$ 表示政府向第三方集成网络平台提供的单位回收补贴,$k(b) > 0$ 且 $k'(b) > 0$。h 表示第三方集成网络平台回收 WEEE 给政府带来的声誉和环境效益的效用总和,可以得到政府的效用为:

$$\pi_R = bQh - bQk(b) = bQ[h - k(b)] \quad (6-15)$$

(5) 政府为风险中性,第三方集成网络平台为风险规避。第三方集成网络平台的效用函数具有不变绝对风险规避特征,其契约收益函数满足 $E\pi_N = -e^{\rho \pi_N}$,π_N 表示第三方集成网络平台的回收收益,ρ 表示企业的绝对风险规避度量,由此得到:

$$\pi_N = n(be + m + \varepsilon) + bQk(b) - ge^2/2 \quad (6-16)$$

因第三方集成网络平台为风险规避,采取确定性等价方法可得第三方集成网络平台的期望收益为:

$$E\pi_N(b) = [n+bk(b)](be+m) - ge^2/2 - \rho\sigma^2[n+bk(b)]^2/2$$
(6-17)

6.3.2 信息对称下的激励机制设计

在完全信息情况下,政府和第三方集成网络平台之间是信息对称的,并且可以做到全局最优资源配置,政府可以直接观察到第三方集成网络平台的回收能力及其努力程度。此时,第三方集成网络平台会采取自身效用最大化的行动,政府也会采取相应行动来获得自身利益的最大化,最终达到资源全局配置最优。

政府作为委托人激励第三方集成网络平台提高努力水平,属于风险中性类型,政府的期望效益为:

$$E\pi_R = b(be+m)[h-k(b)]$$
(6-18)

政府效用函数和约束条件为:

$$\max E\pi_R = b(be+m)[h-k(b)]$$
(6-19)

$$s.t. \quad [n+bk(b)](be+m) - ge^2/2 - \rho\sigma^2[n+bk(b)]^2/2 \geq 0$$
(6-20)

其中式(6-20)为第三方集成网络平台下接受的紧约束,由此有:

$$\max_e \pi_N = \max_e [n+bk(b)](be+m) - ge^2/2 - \rho\sigma^2[n+bk(b)]^2/2 = 0$$
(6-21)

由 $\partial E^2\pi_N/\partial e^2 < 0$ 可得:第三方集成网络平台会在这个过程中选择使自己收益最大化的努力程度,运用逆向归纳法,根据式(6-21)求 $E\pi_N$ 对于 e 的一阶最优化条件 $\partial E\pi_N/\partial e = 0$,可得:

$$e = \frac{[n+bk(b)]b}{g}$$
(6-22)

在政府优化补贴情况下,第三方集成网络平台的期望收益为其保留收益0,所以将式(6-22)得到的最优解 e 代入式(6-20)中,并求得最

优解,得:

$$k(b)^* = \frac{1}{b}\left(\frac{2mg}{g\rho\sigma^2 - b^2} - n\right) \quad (6-23)$$

把式(6-23)中得到的 k(b) 代入式(6-21)中,解出第三方集成网络平台的努力程度为:

$$e^* = \frac{2mb}{g\rho\sigma^2 - b^2} \quad (6-24)$$

将式(6-22)和式(6-23)代入政府的收益函数中,就可以得到政府的最优期望利润为:

$$E\pi_R^* = \left(\frac{2mb^2}{g\rho\sigma^2 - b^2} + m\right)\left(hb - \frac{2mg}{g\rho\sigma^2 - b^2} + n\right) \quad (6-25)$$

在完全信息条件下,由以上分析可得到以下结论6.5~结论6.7。

结论6.5:第三方集成网络平台的最优努力水平的 e^* 随着自身的回收能力 b 的增大而增大。因此,回收范围广、用户量大、回收量稳定的网络平台更愿意提升努力水平,以此为企业获得更多利润空间;市场环境也对第三方集成网络平台的努力水平起着积极作用,随着该市场条件的好转而不断上升;而集成网络平台回收最优努力水平 e^* 随着不确定因素方差 σ^2、企业的绝对风险规避度 ρ、集成网络平台的努力成本系数 g 的增大而减小。

结论6.6:政府向第三方集成网络平台提供的单位回收补贴 k(b) 随着当地市场环境的乐观而增大,当政府发现废旧回收市场发展较好时,会更愿意给予网络平台补贴,以获得更大的环境收益和声誉收益;而政府提供的激励契约随着企业的绝对风险规避度 ρ、网络平台的努力成本系数 g、不确定因素方差 σ^2 和回收网络平台废旧产品回收收益系数 n 增大而减小。

结论6.7:政府的最优期望收益 $E\pi_R^*$ 随着第三方集成网络平台的回收能力 h、回收网络平台废旧产品回收收益系数 n 的增大而增大,所以第三方集成网络平台的回收能力和盈利能力对于政府的收益有很大影响,这也与政府激励第三方集成网络平台的发展相符合。

6.3.3 信息不对称下的激励机制设计

在信息不对称情况下,当政府(委托人)与第三方集成网络平台(代理人)签订激励契约时,第三方集成网络平台知道自己的真实能力而政府无法知晓,只能直接观测到其能力分布,所以委托代理双方在签订激励机制契约合同之前存在着逆向选择问题;而当政府与第三方集成网络平台签订激励契约之后,第三方集成网络平台基于自身利益最大化的考虑来选择努力程度,此时作为委托人的政府,没有办法知道第三方集成网络平台作为代理人的真实努力水平,所以委托代理双方在签订激励契约之后又存在道德风险问题。

基于前面的叙述,结合 Stackelberg 博弈理论和委托代理理论,政府和第三方集成网络平台构成委托代理关系,政府作为委托人,第三方集成网络平台作为代理人,政府将制订单位回收的激励 $k(b)$,而第三方集成网络平台根据政府所提供的激励契约来选择对自己最优的努力水平,其中第三方集成网络平台的回收能力 b 作为逆向选择下的不对称信息变量,同时其努力程度 e 作为道德风险下的隐匿信息变量,这样政府可以甄别第三方集成网络平台的真实回收能力类型。

6.3.3.1 激励契约的模型构建

由 6.3.2 小节可知政府的期望收益为式(6-18),第三方集成网络平台的期望收益为式(6-21),根据逆向归纳法可知,第三方集成网络平台选择其最优努力水平 $e^*(b)$ 以实现自身利益最大化,$\forall e \in [\underline{b}, \overline{b}]$,均满足 $e^*(b) \in \text{argmax} E\pi_N$。所以求解式(6-21)的最优化一阶线性条件,可以得到:

$$e^*(b) = \frac{b[n + bk(b)]}{g} \qquad (6-26)$$

由式(6-26)可知,基于政府的激励机制可以促使第三方集成网络平台提高其努力水平。

为了推动第三方集成网络平台的高效激励,以下将分析激励契约的设计过程，将 $e^*(b)$ 代入式（6-21）中可得：

$$E\pi_N(b) = b^2[n+bk(b)]/(2g) + m[n+bk(b)] - \rho\sigma^2[n+bk(b)]/2 \quad (6-27)$$

根据模型假设及委托代理理论，对于 $(b, b') \in [\underline{b}, \overline{b}]$，都有：

$$E\pi_N(b) = b^2[n+bk(b)]/(2g) + m[n+bk(b)] - \rho\sigma^2[n+bk(b)]/2$$
$$\geqslant b^2 b^2[n+bk(b')]/(2g) + m[n+bk(b')]$$
$$- \rho\sigma^2[n+bk(b')]/2 \quad (6-28)$$

对于政府而言，第三方集成网络平台谎报自己的回收能力并不能提高自身效益，所以第三方集成网络平台会根据自身真实的回收能力来获得最优收益，根据式（6-28）得到 b' 的一阶条件：

$$bk'(b')\{(b^2/g - \rho\sigma^2) - [n+bk(b')] + m\} = 0 \quad (6-29)$$

根据直接显示原理可得：

$$bk'(b)\{(b^2/g - \rho\sigma^2) - [n+bk(b)] + m\} = 0 \quad (6-30)$$

进一步得到政府为第三方集成网络平台提供的激励契约规划为：

$$\max E\pi_R = \int_{\underline{b}}^{\overline{b}} b(be+m)[h-k(b)]f(b)da \quad (6-31)$$

$$\text{s.t.} \quad e(b) = \frac{[n+bk(b)]b}{g} \quad (6-32)$$

$$bk'(b)\{(b^2/g - \rho\sigma^2) - [n+bk(b)] + m\} = 0 \quad (6-33)$$

$$k'(b) \geqslant 0 \quad (6-34)$$

$$b^2[n+bk(b)]^2/(2g) + m[n+bk(b)] - \rho\sigma^2[n+bk(b)]^2/2 \geqslant 0 \quad (6-35)$$

其中，式（6-32）为道德风险下第三方集成网络平台的激励相容约束（IC）；式（6-33）和式（6-34）是政府在逆向选择下的激励相容约束（IC）；式（6-35）为第三方集成网络平台的参与约束（IR）。

6.3.3.2 激励契约的模型求解

考虑政府区分逆向选择下第三方集成网络平台的式（6-33）和式

(6-34) 进行分析,将分为 $k'(b)=0$ 和 $k'(b)>0$ 两种情形进行讨论。

当 $k'(b)=0$ 时,激励契约规划问题为:

$$\max E\pi_R = \int_{\underline{b}}^{\overline{b}} b(be+m)[h-k(b)]f(b)da \qquad (6-36)$$

$$s.t. \quad e^*(b) = \frac{[n+bk(b)]b}{g} \qquad (6-37)$$

$$b^2[n+bk(b)]^2/(2g) + m[n+bk(b)] - \rho\sigma^2[n+bk(b)]^2/2 \geqslant 0 \qquad (6-38)$$

对 $E\pi_N(b)$ 求关于 b 的一阶导数得:

$$\frac{\partial E\pi_N}{\partial b} = k(b)\{(\rho\sigma^2 - b^2/g)[n+bk(b)] + m\} + b[n+bk(b)]^2/g \qquad (6-39)$$

由式 (6-39) 化简可得:

$$\frac{(\rho\sigma^2 - b^2/g)[n+bk(b)]}{2} \leqslant m \qquad (6-40)$$

可知 $\frac{\partial E\pi_N}{\partial b} \geqslant 0$ 恒成立,表明第三方集成网络平台的回收能力越大,收益也越大。因此,政府可以保证回收能力最差的第三方集成网络平台的期望收益 $E\pi_N(\underline{b})$ 为保留收益 0,进而保证式 (6-38) 恒成立。

当 $k'(b)=0$ 时,$k_{(1)}^{SB}(b) = A$(A 为常数),表示不同回收能力类型的第三方集成网络平台得到相同的合同,此时,政府设计的这种激励机制契约为混同契约,而这种混同激励机制并不能实现有效的激励。

结论 6.8:当 $k_{(1)}^{SB}(b)$ 为混同契约时,无法帮助政府甄别不同回收能力的第三方集成网络平台,导致不同回收能力的第三方集成网络平台得到相同的政府激励契约。

当 $k'(b)>0$ 时,激励契约规划问题为:

$$\max E\pi_R = \int_{\underline{b}}^{\overline{b}} b(be+m)[h-k(b)]f(b)da \qquad (6-41)$$

第6章 WEEE回收模式创新及政府激励机制研究

$$\text{s. t. } e^*(b) = \frac{[n+bk(b)]b}{g} \tag{6-42}$$

$$k'(b) > 0 \tag{6-43}$$

$$(b^2/g - \rho\sigma^2)[n+bk(b)] + m = 0 \tag{6-44}$$

$$b^2[n+bk(b)]^2/(2g) + m[n+bk(b)] - \rho\sigma^2[n+bk(b)]^2/2 \geq 0 \tag{6-45}$$

由式（6-44）得到，在 $b < \sigma\sqrt{g\rho}$ 情况可得：

$$k(b) = \frac{gm}{[b(g\rho\sigma^2 - b^2)]} - \frac{n}{b} \tag{6-46}$$

对 $k(b)$ 求导可得：

$$k'(b) = \frac{1}{b^2} + \frac{3gmb^2 - g^2m\rho\sigma^2}{b^2(g\rho\sigma^2 - b^2)} \tag{6-47}$$

求对 $E\pi_N(b)$ 关于 b 的一阶条件，并将 $k(b)$ 和 $k'(b)$ 代入得到：

$$\frac{\partial E\pi_N}{\partial b} = \frac{m^2g^2b^2}{(g\rho\sigma^2 - b^2)^2 g^2} \geq 0 \tag{6-48}$$

由于 $\partial E\pi_N/\partial b \geq 0$ 恒成立，表明第三方集成网络平台的回收能力越大，收益也越大。因此，政府可以保证回收能力最差的第三方集成网络平台的期望收益 $E\pi_N(\underline{b})$ 为保留收益 0，进而保证式（6-45）恒成立。

所以，当 $k'(b) > 0$ 时，政府所提供的激励契约为：

$$k_{(2)}^{SB}(b) = \frac{gm}{b(g\rho\sigma^2 - b^2)} - \frac{n}{b} \tag{6-49}$$

此时，不同回收能力类型的第三方集成网络平台可以获得不同的激励契约合同，政府设计的这种激励机制契约称为分离激励机制契约。在该契约下，企业回收能力越强，激励程度越大。

结论6.9：当 $b \in [\underline{a}, \sigma\sqrt{g\rho})$，$k(b) > 0, k'(b) > 0$ 时，分离激励契约 $k_{(2)}^{SB}(b)$ 能够有效区分不同回收能力类型的第三方集成网络平台，使政府可以根据平台的真实回收能力给予不同的激励补贴，这样可以解决政府在此过程中的逆向选择问题，实现政府对第三方集成网络平台的高效的激励。

根据上述所得结果,下面将分析其他参数对于分离契约 $k_{(2)}^{SB}(b)$ 的影响,可以得结论 6.10 和结论 6.11。

结论 6.10:回收市场条件的增大使分离激励契约 $k_{(2)}^{SB}(b)$ 增大。说明当市场反应越好、公众正确处理废旧产品意识不断增强、回收体系更加规范化时,政府提供的激励契约补贴也会更高,积极激励回收平台宣传推广,以获得更好的回收效果。

结论 6.11:第三方集成网络平台努力成本系数 g 和废旧产品回收收益系数 n 的增加会使分离激励契约 $k_{(2)}^{SB}(b)$ 减小,对于努力成本大或单位回收收益较好的企业,政府会选择减少补贴力度;同时,第三方集成网络平台面对的市场不确定因素 σ^2,绝对风险规避度 ρ 的增大将会降低分离激励契约 $k_{(2)}^{SB}(b)$ 的激励效果。由式(6-32)可知,当 $k'(b) = 0$ 时,$\partial e^*/\partial b = [n + 2bk(b)]/g > 0$;当 $k'(b) > 0$ 时,$\partial e^*/\partial b = [n + 2bk(b) + b^2 k'(b)]/g > 0$,由此可得以下结论。

结论 6.12:第三方集成网络平台的努力程度随着其回收能力的提升而增大,因而政府就可以根据激励契约甄别不同回收能力的第三方集成网络平台,并能够高效地激励其回收能力。

6.3.4 数值分析

本节将运用数值分析法来进一步讨论第三方集成网络平台模式下基于政府约束的激励机制研究,涉及的参数设置如下:第三方集成网络平台的回收能力 $b \in [0, 1]$,废旧产品回收收益系数 $n = 1$,市场环境 $m = 0.2$,努力成本系数 $g = 5$,给政府带来的收益 $h = 5.5$,绝对风险规避度 $\rho = 0.8$,不确定因素方差 $\sigma^2 = 0.25$。通过验证,得到上述所有参数满足 $b < \sigma \sqrt{g\rho}$。

图 6.12 描述了激励契约和平台回收能力的关系。当分离契约 $k_{(1)}^{SB}(b)$ 时,政府提供的激励契约随着第三方集成网络平台的回收能力的扩大而增强,验证了结论 6.8。所以对于网络平台来说,根据自己真实的回收能力来选择契约可以得到更高的补贴,更有利于企业的发展。

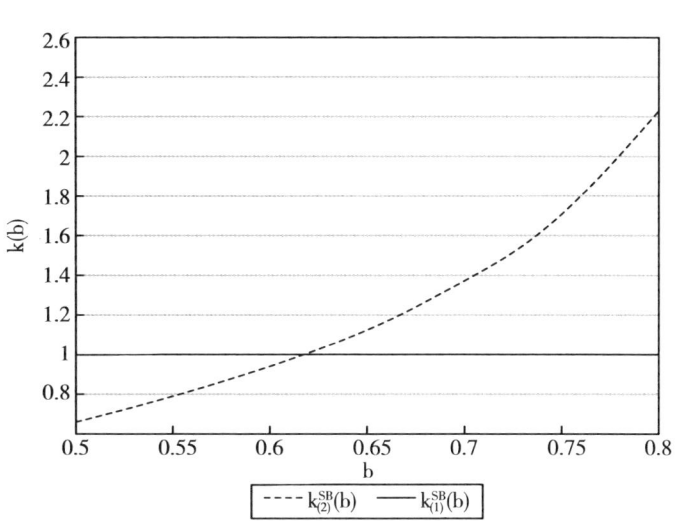

图 6.12 激励契约和回收能力的关系

图 6.13 描述了回收努力水平和回收能力的关系。网络平台自身能力的增加，使其回收努力水平也不断提高；而对于两类契约情况下，分离契约 $k_{(2)}^{SB}(b)$ 的努力程度的上升趋势大幅度快于混同契约。因此对于回收能力强的网络平台，分离契约更能起到激励作用，促使其提高回收努力水平。在现有回收能力的前提下，网络平台加大力度回收，对于回收事业的互联网化、环境保护都会起到积极的促进作用，从而更有利于再制造行业的发展。

第三方集成网络平台期望收益与回收能力的关系如图 6.14 所示。在两类激励契约情况下，回收平台的期望收益均随着平台回收能力的提高而提高，即能够保证回收能力较高的企业比回收能力较低的企业收益大。企业始终以营利为目标，因此无论政府和平台之间签订哪一类契约，都使平台努力提高回收能力，加大科技创新、平台推广、人才引进、流程优化管理以及设备更新等。从而政府通过此契约实现对平台企业的高效激励，保证平台企业的回收积极性。

政府期望收益与回收能力的关系如图 6.15 所示。在回收能力 $b \in [0.5, 0.8]$ 范围内，无论在混同契约还是分离契约情况下，政府的期望收益都会随着回收平台的回收能力的提高而增加；即回收平台的回收能力

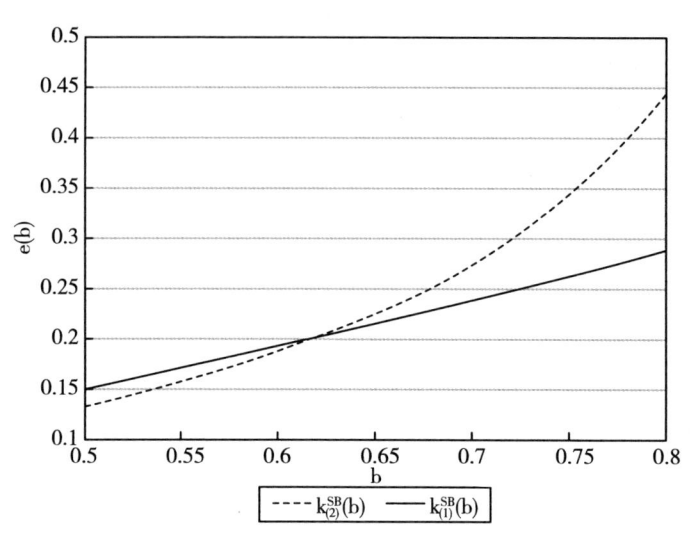

图 6.13　回收努力水平和回收能力的关系

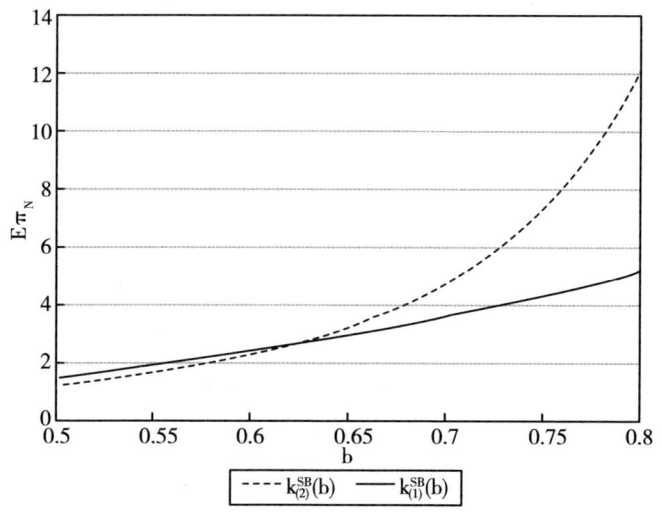

图 6.14　第三方集成网络平台期望收益与回收能力的关系

提高,有利于平台企业提高其回收量,减少废旧电子产品的污染,从而使政府的期望收益提高。

政府和回收平台的总收益与回收能力的关系如图 6.16 所示。从整体收益出发,当 $b \in [0.5, 0.6]$ 时,混同契约情况下的总收益比分离契约情况

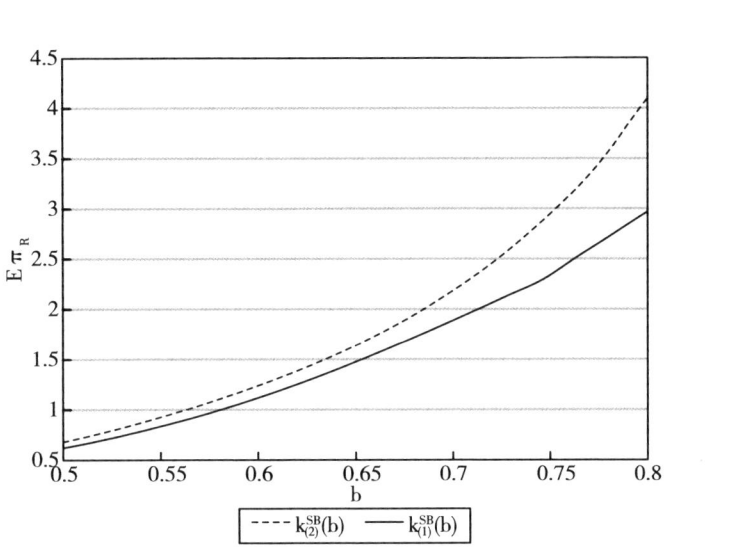

图 6.15 政府期望收益与回收能力的关系

下总收益高,此时应该采取混同契约激励机制;而当 b∈[0.6,0.8] 时,混同契约情况下的总收益比分离契约情况下总收益低,此时应该采取分离契约激励机制。

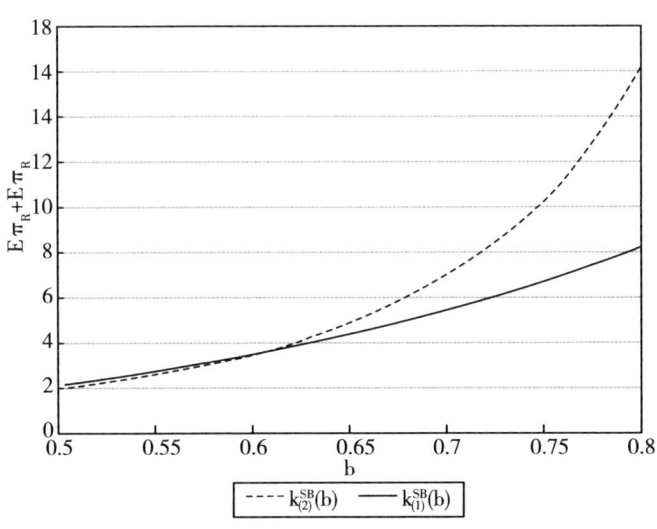

图 6.16 政府和回收平台的总收益与回收能力的关系

6.3.5 小结

随着互联网技术的快速发展，各行各业都在和互联网融合发展，面对环境问题和资源整合的压力，传统的回收模式也在积极探索和创造新的模式。在"互联网+"战略下，政府一直都在关注和参与我国高效回收体系的建立。同时，结合WEEE回收行业的现状，企业往往都会存在逆向选择和道德风险问题，所以研究政府对第三方集成网络平台的激励机制设计问题很有必要。

主要研究结论如下：（1）分离契约比混同契约能够更有效区别不同回收能力类型的回收平台，并且可以针对不同回收能力类型的网络平台制订不同的激励契约。（2）本节得出分离契约的现实因素，以及对于网络平台的回收能力的约束条件。（3）通过分析得出：市场条件、网络平台的努力成本系数、绝对风险规避度、不确定因素方差对于政府提供的激励契约的影响。

本节主要研究在第三方集成网络平台模式下，对于不同网络平台的不同回收能力，政府如何设计相应的激励机制有一定的参考作用。研究结论对于政府进行有效甄别不同回收能力的网络平台并且提供相应的高效激励提供了参考思路。

第 7 章

结论与展望

7.1 研究结论

目前,由于政府环境规制的加强和消费者环保意识的提高,促使企业开始内化外在的环境压力,并希望通过供应链整合和协调进一步处理环境和资源压力,以实现经济效益和环境效益的双重优化。在此背景下,本书从现实国情出发,借鉴国内外同行研究成果和实践经验,分别基于企业成员协调与政府规制视角,讨论推进 WEEE 逆向供应链运营的策略和机制,以期得到有益结论指导我国 WEEE 逆向供应链的现实运作以使其运营能力得到提升,并为现有的国内外 WEEE 逆向供应链管理理论提供必要的拓展和有益补充。

本书的主要研究工作以及研究结论归纳如下。

(1) 在第 2 章中,针对 WEEE 逆向供应链中不同回收再处理模式下逆向供应链成员的差别定价策略问题以及协调契约问题进行研究,构造了 WEEE 制造商处理和拆解商处理两种模式下的回收决策,分别探讨了分散决策下和集中决策下各自的定价策略,并提出了成员间奖惩契约的定价协调策略,以提高逆向供应链的运作效益,促进供应链系统及其成员的利润改善和提高。结果表明:①在制造商处理模式下,分散决策和集中决策中的制造商和销售商的各自价格策略不同;②在集中决策下,由于支付给消费者的 WEEE 回收价格在制造商回收和拆解商回收模式下更高,因此销售商回收模式下的系统供应链总利润更优。③构建了拆解商和回收主体间的协调契约，通过分析逆向供应链各企业收益的影响，得出最优契约设计和最优利润值。

（2）在第 3 章中，考虑不同信息状态，分析了 WEEE 回收处理方及其与逆向供应链中其他利益相关主体的合作模式及各方利益，探讨了 WEEE 逆向供应链定价策略。首先，建立了完全信息条件下 RP 模式及 DDP 模式下的 WEEE 第三方逆向物流定价博弈模型，分别构建了合作状态及非合作状态下的模型，探讨了相应的定价策略与契约协调机制。其次，进一步考虑供应链各成员企业的信息处于非完全公开状态，建立了不完全信息下的 WEEE 逆向物流定价博弈模型。研究表明：①在 DDP 模式下，WEEE 回收处理企业与产品制造商间的关系可能为合作关系，也可能为 Stackelberg 博弈与合作相结合的关系；②在完全信息条件下，合作状态是理性供应链成员的最佳选择，但由于各方收益受到相关定价与成本的影响，因此可通过签订收益共享契约、制订浮动价格值或降低成本的方式来协调各方收益，从而促成多方合作，达到 WEEE 逆向物流体系整体收益的最大化。

（3）第 4 章基于制造商差异带来的产品差异，考虑消费者偏好与市场竞争，建立了基于生产责任组织规制的由制造商、回收商构成的逆向供应链决策模型，分别讨论制造商自主回收与委托第三方回收模式下的各利益群体期望收益，并分析消费者偏好与制造商水平差异对相关决策的影响。进一步分析制造商自主回收处理 WEEE 时单独回收责任与集体回收责任情况下考虑消费者偏好、制造商产品替代率等影响因素时，对其产品 DfE 投入的决策问题。研究表明：①当制造商差异较小时，回收更倾向于集体回收模式以提高效率，节约回收成本并获得更高的回收处理费用，反之倾向于单独回收处理模式。②在制造商集体回收处理模式下，高端产品制造商 DfE 投入与制造商差异无关，而低端产品制造商随着产品替代率的减小；③在制造商自主回收处理废旧产品时，单独回收责任下的 DfE 选择总是优于集体回收责任下的 DfE 决策。

（4）第 5 章以浙江省为例，针对 WEEE 逆向供应链的协调与激励机制问题展开研究。基于浙江省 WEEE 逆向供应链发展现状，构建了由制造商、回收处理商和消费者组成的 WEEE 逆向供应链系统，基于政府对

WEEE逆向供应链的激励，基于博弈视角研究政府与制造商以及回收处理商之间的关系，探讨不同回收模式下政府如何基于回收量来制订WEEE处理基金征收及补贴标准以实现社会总福利最大化。研究表明：①浙江省作为国家首批WEEE回收处理示范城市，一方面在WEEE回收处理实践上享受到了国家一系列法规政策的扶持，其回收处理方式和模式丰富且多样；另一方面也受到约束，对省内企业生产处理技术提出了更高的要求。②政府对WEEE处理基金的征收和补贴的发放标准存在均衡值，并不是基金征收的越多或补贴发放的越多，社会总福利就越大。③政府征收基金导致制造商利润增加，消费者剩余下降，环境污染减少。政府发放补贴致使回收处理商利润增加，消费者剩余增加，环境污染减少。

（5）第6章针对我国现阶段WEEE回收现状，分析存在的问题并提出相应的改进措施。在此基础上，根据我国不同社会环境和经济、技术发展现状，提出四种不同回收模式以适应不同回收环境，分别是回收渠道统一模式、生产商联盟模式、创新型"企业自建网络平台"模式、"第三方集成网络平台"模式；运用博弈理论对政府补贴下第三方集成网络平台模式中各参与者的决策行为进行分析；针对其中存在的道德风险问题，研究了政府对于第三方集成网络平台的激励补贴；以委托—代理理论为基础，分析针对不同回收能力情况下的不同激励措施，对不同回收能力下的最优激励措施进行研究。结果表明：①现阶段最优回收模式为"第三方集成网络平台"模式；②政府对于第三方集成网络平台模式的补贴和支持，不仅有利于网络平台快速发展，同时也促进了闭环供应链的良性循环，提升了社会总体福利。

7.2

研究展望

本书针对WEEE逆向供应链管理与运营问题，基于经济不断发展，回收处理市场初步形成的现实国情，分别从成员协调和政府规制视角对推进WEEE逆向供应链运营的策略和机制展开研究，以期得到有益结论，为我国WEEE逆向供应链的实施以及政府部门相关环境规制措施的制定提供建议。结合 WEEE 逆向供应链在中国现实国情下的运营状况，提出有待进一步展开或深入的研究方向。

（1）关于政府规制与我国 WEEE 逆向供应链运营关系的进一步深入研究。在本书的基于政府规制视角的推进策略研究过程中，模型构建主要考虑供应链系统仅由单一制造商、单一销售商和单一回收商/拆解商构成，现实供应链运作过程中存在一对多甚至多对多的网状结构；此外，研究过程中没有考虑产品生命周期，模型框架主要是基于成员间单期博弈的状况而建立，而现实中往往要考虑产品在不同阶段下的多期博弈问题。

（2）关于推进 WEEE 逆向供应链运营的企业间协调与激励机制在各类成员企业中的应用情况研究。虽然我们作了很多调研工作，但本书依然缺少 WEEE 逆向供应链成员企业的具体案例和数据分析，仍然需要进一步加强实证分析工作，并尽可能通过加强对 WEEE 逆向供应链成员企业激励机制实施的模拟分析，获得有益结论来指导实践运作。

参 考 文 献

[1] 曹柬,胡强,楼婷渊等. 基于随机需求与回收的逆向供应链奖惩机制[J]. 计算机集成制造系统,2012,18(3):597-608.

[2] 曹柬,胡强,吴晓波等. 基于EPR制度的政府与制造商激励契约设计[J]. 系统工程理论与实践,2013,33(3):610-621.

[3] 程晋石,李帮义. 混合渠道回收下的闭环供应链市场结构分析[J]. 计算机应用研究,2013,30(3):720-727.

[4] 储洪胜,宋士吉. 反向物流及其再制造技术的研究现状和发展趋势[J]. 计算机集成制造系统,2004,10(1):10-14.

[5] 达庆利,黄祖庆,张钦. 逆向物流系统结构研究的现状及展望[J]. 中国管理科学,2004,12(1):131-138.

[6] 杜婧. 政府规制下混合渠道回收的WEEE逆向供应链决策研究[D]. 重庆:西南交通大学,2014.

[7] 葛静燕,黄培清,李娟. 社会环保意识和闭环供应链定价策略——基于纵向差异模型的研究[J]. 工业工程与管理,2007(4):6-24.

[8] 顾巧论,高铁杠,石连栓. 基于博弈论的逆向供应链定价策略分析[J]. 系统工程理论与实践,2005(3):20-25.

[9] 韩小花,薛声强. 强零售商的竞争型闭环供应链回收渠道的决策[J]. 计算机集成制造系统,2009,15(11):2247-2253.

[10] 郝应征,梁文萍,许宝兴. 世界电子垃圾回收处理动态[J]. 电子工艺技术,2006,27(1):4-7.

[11] 黄祖庆,达庆利. 直线型再制造供应链决策结构的效率分析[J]. 管理科学学报,2006,9(4):51-57.

[12] 胡强. 基于 EPR 制度的逆向供应链协调与激励机制研究 [D]. 浙江工业大学, 2012.

[13] 胡强, 曹柬, 贺小刚等. 不对称信息下政府与回收处理企业激励契约设计 [J]. 软科学, 2014, 28 (10): 27-31.

[14] 胡燕娟, 关启亮. 基于复合渠道回收的闭环供应链决策模型研究 [J]. 软科学, 2009, 23 (12): 13-17.

[15] 胡新平, 张黎黎. 第三方回收商声誉效应的闭环供应链激励机制研究 [J]. 商业研究, 2011 (1): 128-134.

[16] 计国君, 黄位旺. WEEE 回收条例有效实施问题研究 [J]. 管理科学学报, 2012, 15 (5): 1-9.

[17] 孔庆娜. 浙江省废旧家用电器回收政策与技术探析 [D]. 杭州: 浙江大学, 2010.

[18] 卢荣花, 李南. 电子产品闭环供应链回收渠道选择研究 [J]. 系统工程理论与实践, 2016, 36 (7): 1687-1695.

[19] 冷罗生. 电子废弃物回收利用和处置的法律措施——国外经验与我国对策 [J]. 行政管理改革, 2012 (12): 36-40.

[20] 李响, 李勇建, 蔡小强. 随机回收下的逆向供应链协调 [J]. 系统工程学报, 2008, 23 (6): 713-719.

[21] 林杰, 曹凯. 政府补贴对闭环供应链成员利润分配的影响 [J]. 同济大学学报 (自然科学版), 2014, 42 (4): 651-658.

[22] 林欣怡, 孙浩, 达庆利. 随机环境下再制造产品的定价策略研究 [J]. 运筹与管理, 2012, 21 (3): 148-153.

[23] 刘晓敬, 邓雨辰. 基于政府财政干预的闭环供应链激励机制研究 [J]. 物流技术, 2016, 35 (2): 120-125.

[24] 普智晓, 李霞. 国外执行延长生产者责任制度现状 [J]. 中山大学学报 (自然科学) 版, 2004 (11): 10-14.

[25] 秦小辉. 废旧电子产品逆向物流网络优化设计研究 [D]. 博士学位论文, 西安交通大学, 2008.

[26] 舒亚东, 代颖, 马祖军. 考虑同行公平关注的逆向供应链定价决策 [J]. 工业工程与管理, 2018, 23 (3): 116-131.

[27] 孙浩,达庆利. 随机回收和有限能力下逆向供应链定价及协调[J]. 系统工程学报,2008,23(6):720-726.

[28] 庞丹丹. 基于政府补贴的三级绿色供应链定价策略研究[D]. 沈阳:东北大学,2013.

[29] 裴蓓. 政府规制对EOL电子产品逆向物流的影响研究[D]. 杭州:浙江工业大学,2013.

[30] 申成然,熊中楷,彭志强. 专利保护与政府补贴下再制造闭环供应链的决策和协调[J]. 管理工程学报,2013,27(3):132-138.

[31] 申亮,王玉燕,马宇. 基于委托代理理论的闭环供应链激励机制研究[J]. 经济与管理评论,2009,25(3):60-63.

[32] 时利英. 激励机制下第三方回收的闭环供应链网络均衡研究[D]. 西南财经大学,2013.

[33] 王文宾,达庆利,胡天兵,等. 基于惩罚与补贴的再制造闭环供应链网络均衡模型[J]. 运筹与管理,2010,19(1):65-72.

[34] 魏洁,魏航. 第三方逆向物流回收合作[J]. 系统管理学报,2011,20(6):702-709.

[35] 辛广茜,史成东,谢云,等. 考虑政府补贴的第三方回收再制造闭环供应链研究[J]. 工业工程,2012,15(6):70-75.

[36] 徐兵,杨金梅. 闭环供应链竞争下政府补贴效率研究[J]. 管理工程学报,2013,27(4):178-185.

[37] 姚凌兰,贺文智,李光明等. 我国电子废弃物回收管理发展现状[J]. 环境科学与技术,2012(s1):410-414.

[38] 叶佑林,吴文秀. 混合回收渠道的闭环供应链协调模型研究[J]. 科技管理研究,2010,6(17):227-230.

[39] 易余胤,袁江. 基于混合回收的闭环供应链协调定价模型[J]. 管理评论,2011,23(11):169-176.

[40] 易余胤,袁江. 渠道冲突环境下的闭环供应链协调定价模型[J]. 管理科学学报,2012,15(1):54-65.

[41] 张保银,汪波,吴煜. 基于循环经济模式的政府激励与监督问题[J]. 中国管理科学,2006,14(1):136-141.

[42] 张克勇,周国华. 不确定需求下闭环供应链定价模型研究[J]. 管理学报,2009,6(1):45-50.

[43] 张曙红,初叶萍. 考虑政府约束的再制造闭环供应链差别定价博弈模型[J]. 运筹与管理,2014(3):119-126.

[44] 张维迎. 博弈论与信息经济学[M]. 上海三联书店,2004.

[45] 朱庆华,窦一杰. 基于政府补贴分析的绿色供应链管理博弈模型[J]. 管理科学学报,2011,14(6):86-95.

[46] Adda J, Cooper R. Dynamic economic: quantitative methods and applications[M]. MIT press, 2003: 28.

[47] Atasu A. Efficient take-back legislation. Production and Operations Management[J], 2009, 18(3): 243-258.

[48] Aksen D, Aras N, Karaarslan A G. Design and analysis of government subsidized collection systems for incentive dependent returns[J]. International Journal of Production Economics, 2009, 119(2): 308-327.

[49] Cao J, Chen X, Zhang X, et al. Public awareness of remanufactured products in Yangtze River Delta of China: Present status, problems and recommendations[J]. International Journal of Environment Research and Public Health, 2018, 15(6), 1199.

[50] Cao J, Chen Y Y, Lu B, et al. Research on green supply chain coordination strategy for uncertain market demand[J]. Pakistan Journal of Pharmaceutical Sciences, 2015, 28(2): 687-92.

[51] Cao J, Lu B, Chen Y, et al. Extended producer responsibility system in China improves e-waste recycling: Government policies, enterprise, and public awareness[J]. Renewable & Sustainable Energy Reviews, 2016, 62: 882-894.

[52] Charles J, Corbett G A, Albert Y H. Optimal shared savings contracts in supply chains: Linear contracts and double moral hazard[J]. European Journal of Operational Research, 2005, 163(3): 653-667.

[53] Chen J, Tian D. Research on coordination mechanism for third party collecting closed-loop supply chain with combined contracts[C]. Eighth Inter-

national Conference on Measuring Technology and Mechatronics Automation. IEEE Computer Society, 2016: 510 – 514.

[54] Chen Y J, Sheu J B. Environmental regulation pricing strategies for green supply chain management [J]. Transportation Research Part E: Logistics and Transportation Review, 2009, 45 (5): 667 – 677.

[55] Cui J, Forssberg E. Mechanical recycling of waste electric and electronic equipment: A review [J]. Journal of Hazardous Materials, 2003, 99 (3): 243 – 263.

[56] Dennis W K. A model for reverse logistics entry by third party providers [M]. Omega, 2002: 325 – 333.

[57] Du M K, Tao B, Zhu Y. Research on incentive and propulsion mechanisms of reverse logistics for recycling waste household appliances based on the three – party game [J]. Soft Science, 2014, 28 (12): 55 – 59.

[58] Feng L P, Govindan K, Li C F. Strategic planning: Design and coordination for dual – recycling channel reverse supply chain considering consumer behavior [J]. European Journal of Operational Research, 2017, 206: 601 – 612.

[59] Ferrer G, Swaminathan J M. Managing new and remanufactured products [J]. Management Science, 2006, 52 (1): 15 – 26.

[60] Fleischmann M, Bloemhof – Ruwaard J M, Dekker M, Laan E, Nunen J & Van Wassenhove L N. Quantitative models for reverse logistics: A review [J]. European Journal of Operational Research, 1997, 103 (1): 1 – 17.

[61] Govindan K, Soleimani H, Kannan D. Reverse logistics and closed – loop supply chain: A comprehensive review to explore the future [J]. European Journal of Operational Research, 2015, 240 (3): 603 – 626.

[62] Guarnieri P, Sobreiro V A, Nagano M S, et al. The challenge of selecting and evaluating third – party reverse logistics providers in a multicriteria perspective: a Brazilian case [J]. Journal of Cleaner Production, 2015, 96: 209 – 219.

[63] Hafezalkotob A, Alavi A, Makui, A. Government financial intervention in green and regular supply chains: Multi-level game theory approach [J]. International Journal of Management Science and Engineering Management, 2015, 11 (3): 167-177.

[64] Hammond D, Beullens P. Closed-loop supply chain network equilibrium under legislation [J]. European Journal of Operational Research, 2007, 183 (2): 895-908.

[65] He W, Li G, Ma X, et al. WEEE recovery strategies and the WEEE treatment status in China [J]. Journal of Hazardous Materials, 2006, 136 (3): 502-512.

[66] Hicks C, Dietmar R, Eugster M. The recycling and disposal of electrical and electronic waste in China—legislative and market responses [J]. Environmental Impact Assessment Review, 2005, 25 (5): 459-471.

[67] Hong I H, Chen P C, Yu H T. The effects of government subsidies on decentralized reverse supply chains [J]. International Journal of Production Research, 2016, 54 (13): 3962-3977.

[68] Hui L I, Wang C X. The closed-loop supply chain decision analysis based on dual channel sales and recycling under government subsidies [J]. Commercial Research, 2016.

[69] Iakovou E, Moussiopoulos N, Xanthopoulos A, et al. A methodological framework for end-of-life management of electronic products [J]. Resources, Conservation and Recycling, 2009, 53: 329-339.

[70] Islam M T, Abdullah A B, Shahir S A, et al. A public survey on knowledge, awareness, attitude and willingness to pay for WEEE management: Case study in Bangladesh [J]. Journal of Cleaner Production, 2016, 137: 728-740.

[71] Kicsinya R, Vargaa Z, Scarellib A. Backward induction for a class of closed-loop Stackelberg games [J]. European Journal of Operational Research, 2014, 237 (3): 1021-1036.

[72] Kiddee P, Naidu R, Wong M H. Electronic waste management approa-

ches: An overview [J]. Waste Management, 2013, 33 (5): 1237 – 1250.

[73] Kilic H S, Cebeci U, Ayhan M B. Reverse logistics system design for the waste of electrical and electronic equipment (WEEE) in Turkey [J]. Resources Conservation & Recycling, 2015, 95: 120 – 132.

[74] Lee K J. Closed loop supply chains with variable remanufacturability and the impact of subsidy and penalty by government [J]. Dissertations & Theses – Gradworks, 2008.

[75] Li J H, Brenda N, Lopez N, et al. Regional or global WEEE recycling: Where to go? [J]. Waste Management, 2013, 33 (4): 923 – 934.

[76] Li X R, Wu Y B. Differential price closed – loop supply chain under the government replacement – subsidy [J]. system Engineering Theory & Practice, 2015, 35 (8): 1983 – 1995.

[77] Liang Y J, Pokharel S, Lim G H. Pricing used products for remanufacturing [J]. European Journal of Operational Research, 2009, 193 (2): 390 – 395.

[78] Liu H, Lei M, Deng H, et al. A dual channel, quality – based price competition model for the WEEE recycling market with government subsidy [J]. Omega, 2016, 59: 290 – 302.

[79] Ma Z J, Hu S, Dai Y. Closed – loop supply chain decision for electrical and electronic equipments under government regulations [J]. Industrial Engineering and Management, 2016, 21 (1): 45 – 51.

[80] Mitra S, Webster S. Competition in remanufacturing and the effects of government subsidies [J]. International Journal of Production Economics, 2008, 111 (2): 287 – 298.

[81] Ni H G, Zeng E Y. Law enforcement and global collaboration are the keys to containing e – waste tsunami in China [J]. Environmental Science &Technology, 2009, 43 (11): 3991 – 3994.

[82] Ogushi Y, Kandlikar M. Assessing extended producer responsibility laws in Japan [J]. Environmental Science &Technology, 2007, 41 (13): 4502 – 4508.

[83] Parajuly K, Habib K, Liu G. Waste electrical and electronic equipment (WEEE) in Denmark: Flows, quantities and management [J]. Resources Conservation & Recycling, 2016, 123: 85 - 92.

[84] Parajuly K, Wenzel H. Potential for circular economy in household WEEE management [J]. Journal of Cleaner Production, 2017, 151: 272 - 285.

[85] Qu Y, Zhu Q, Sarkis J, et al. A review of developing an e - wastes collection system in Dalian, China [J]. Journal of Cleaner Production, 2013 (52): 176 - 184.

[86] Salhofer S, Steuer B, Ramusch R, et al. WEEE management in Europe and China - A comparison [J]. Waste Management, 2015, 57: 27 - 35.

[87] Savaskan R C, Bhattacharya S, Van Wassenhove L N. Closed - loop supply chain models with product remanufacturing [J]. Management Science, 2004, 50 (2): 239 - 252.

[88] Savaskan R C, Van Wassenhove L N. Reverse channel design: the case of competing retailers [J]. Management Science, 2006, 52 (1): 1 - 14.

[89] Shi Y, Nie J, Qu T, et al. Choosing reverse channels under collection responsibility sharing in a closed - loop supply chain with remanufacturing [J]. Journal of Intelligent Manufacturing, 2013: 1 - 16.

[90] Spicer A J, Johnson M R. Third - party remanufacturing as s solution extended producer responsibility [J]. Journal of Cleaner Production, 2004 (12): 37 - 45.

[91] Tang X J, Shen C F, Shi D Z, et al. Heavy metal and persistent organic compound contamination in soil from Wenling: An emerging e - waste recycling city in Taizhou area, China [J]. Journal of Hazardous Materials, 2010 (173): 653 - 660.

[92] Toffel M W. The growing strategic importance of End - of - Life product management [J]. California Management Review, 2003, 45 (3): 102 - 129.

[93] Toyasaki F, Boyaci T, Verter V. An Analysis of Monopolistic and

Competitive Take – Back Scheme for WEEE Recycling [J]. Production and Operations Management, 2011, 20 (6): 805 – 823.

[94] Tsai W T, Chou Y H. Government policies for encouraging industrial waste reuse and pollution prevention in Taiwan [J]. Journal of Cleaner Production, 2004, 12 (7): 725 – 736.

[95] Walther G, Steinborn J, Spengler T S, et al. Herrmann, Implementation of the WEEE – directive – economic effects and improvement potentials for reuse and recycling in Germany [J]. The International Journal of Advanced Manufacturing Technology, 2010, 47 (58): 461 – 474.

[96] Webster S, Mitra S. Competitive strategy in remanufacturing and the impact of take – back laws [J]. Journal of Operations Management, 2007, 25 (6): 1123 – 1140.

[97] Xing G J, Chi Y K, Mai – Long K A. Research on the closed – loop supply chain incentive mechanism of third party recovery based on principal – agent theory [J]. Commercial Research, 2016.

[98] Yang D Y, Xiao T J. Pricing and green level decisions of a green supply chain with governmental interventions under fuzzy uncertainties [J]. Journal of Cleaner Production, 2017, 149: 1174 – 1187.

[99] Yu L, He W, Li G, et al. The development of WEEE management and effects of the fund policy for subsidizing WEEE treating in China [J]. Waste Management, 2014, 34 (9): 1705 – 1714.

[100] Zeng J, Liu J. Research on the incentive mechanism of green supply chain based on government subsidies – perspective of random yield [J]. Journal of Nanchang University, 2014, 317 (3): 1285 – 94.

[101] Zhang X X, Xu T T, Zhang H. Coordination of closed – loop supply chain with government incentive [C]. International Conference on Management Science and Engineering, 2013: 519 – 524.

[102] Zhou Y, Ye X. Differential game model of joint emission reduction strategies and contract design in a dual – channel supply chain [J]. Journal of Cleaner Production, 2018, 190: 592 – 607.

后　　记

在书稿形成过程中，研究得到国家自然科学基金项目"基于EPR制度的我国再制造产业链发展模式与推进机制研究（71874159）"的支持，同时也得到了浙江省自然科学基金项目（LY18G020020）的支持。资源环境管理、静脉产业、绿色供应链以及相关协调与激励机制的制定和实施一直是我的研究兴趣所在，本书的出版可以认为是对前期思考和研究的一个小结。

衷心感谢我的师长、同事、学生这些年来对我的无私的帮助和支持。在平时与老师和同事的交流中，他们的关于资源再生利用在国内外运作发展的真知灼见使我收益良多。也感谢我们在调研过程中得到的一些企业的支持与帮助，例如盛唐环保、浙江蓝天等。尤其要感谢我的学生，张雪梅、吴思思、陈杨杨、姚清钦、陆波、王辉等同学，他们无论在实地调研还是理论建模与推导方面都做出了很大贡献。本书的完成与他们所付出的心血密不可分。

向从事本研究领域的同行表示深深感谢，他们的工作是本研究展开的基础。在本书写作过程中参考了国内外许多学者的著作和文献，虽然在参考文献的罗列和标注中尽可能把学者们的成果逐一列出，但难免有遗漏之处，还请包涵谅解。此外，由于作者水平有限，本书在选材、推导以及评述等方面存在的不妥甚至错误之处，敬请读者批评指正，并能将意见及时反馈给我，谢谢！

谨以此书献给我的亲人以及所有曾经关心和帮助过我的师长、同事和学友们。

曹　柬

2019年4月于杭州